U0818888

轨道交通旅客服务心理学

尹浩浩　杨旭丽　主编

中国建材工业出版社

图书在版编目（CIP）数据

轨道交通旅客服务心理学/尹浩浩，杨旭丽主编
. -- 北京：中国建材工业出版社，2020.8（2024.1 重印）
ISBN 978-7-5160-3023-3

Ⅰ.①轨… Ⅱ.①尹… ②杨… Ⅲ.①轨道交通一客运服务一商业心理学一教材 Ⅳ.①U293.3

中国版本图书馆 CIP 数据核字（2020）第 152146 号

轨道交通旅客服务心理学
Guidao Jiaotong Lüke Fuwu Xinlixue
尹浩浩　杨旭丽　主编

出版发行：中国建材工业出版社
地　　址：北京市海淀区三里河路 11 号
邮　　编：100831
经　　销：全国各地新华书店
印　　刷：北京印刷集团有限责任公司
开　　本：787mm×1092mm　1/16
印　　张：11.25
字　　数：260 千字
版　　次：2020 年 8 月第 1 版
印　　次：2024 年 1 月第 4 次
定　　价：39.00 元

本社网址：www.jccbs.com，微信公众号：zgjcgycbs
请选用正版图书，采购、销售盗版图书属违法行为

前　言

随着我国经济的飞速发展，人民生活水平的不断提高，轨道交通行业迅猛发展，其以大运量、低耗能、高效率等优势，在交通体系中占有重要地位，与此同时，公路及航空运输业也在不断发展与完善。所以，在未来的客运服务市场竞争中，旅客运输服务的竞争将占主导地位。毋庸置疑的是，优质的服务才能获得旅客的认可和信任，树立良好的企业形象，才能在激烈的客运服务竞争中占有一席之地。

轨道交通运输服务是对人的服务，因此，研究和了解旅客的心理，满足旅客的需要，对提高服务质量有重要作用。本书以心理学理论为基础，以旅客服务为依据，采用“项目—任务”的方式将心理学理论与运用紧密结合。本书在编写中遵循实用的原则，以行动为导向，从工作需要出发构建教材内容，包括情绪情感与轨道交通运输服务、需要与轨道交通运输服务、群体心理与轨道交通运输服务等六个项目，探讨旅客服务工作中旅客与轨道交通服务人员的心理规律，并运用这些心理规律提高轨道交通服务人员的心理素质，使其根据旅客的不同特点提供有针对性的服务，进而提高服务质量，打造一支优秀的旅客服务队伍。在编写的过程中，编者力求突出以下特点：

内容繁简适度

本书选取了客运服务工作中广泛应用的心理学理论，将旅客与服务人员的心理规律进行探讨。同时，本书选取了客运服务工作中的大量热点、难点问题（如霸座、晚点等）进行深入探讨，分析原因，并提出应对策略。

学练统一，注重实践

本书精心设计了“实际演练”“案例厅”“任务实施”等模块，力求读者通过思考，以实际生活中的经验、感受和体会，更深入地了解和掌握心理学知识。此外，“任务实施”是一项教师主导课堂转向学生主导课堂的突破性活动设计，必能使读者既掌握理论知识，又增加实践体验，同时还能锻炼其各方面的能力。

体例多样，图文并茂

本书体例丰富，设计了“项目引言”“项目任务书”“案例导入”“任务导入”“知识准备”“实际演练”“案例厅”“任务实施”“项目评价”等模块，书中插图紧扣内容，图文并茂，整个版面看起来生动有趣，从而使读者易于理解书中知识。

叙述通俗易懂

在内容叙述上，本书力求将深奥的心理学理论用通俗易懂的的语言深入浅出地表达出来。

本书由尹浩浩、杨旭丽担任主编。

在编写过程中，编者参考了大量的文献资料。在此，向相关作者表示诚挚的谢意。由于编写时间仓促，编者水平有限，书中难免有疏漏与不当之处，敬请各位老师和广大读者批评指正，以不断提高本书的水平，为我国轨道交通运输的发展贡献绵薄之力。

编者

2020 年 7 月

目　录

项目一　轨道交通旅客服务心理学概述 …… 1
任务一　心理学概述 …… 2
任务二　认识轨道交通旅客服务心理学 …… 9

项目二　感知觉与轨道交通运输服务 …… 20
任务一　探索感知觉 …… 21
任务二　轨道交通运输服务对旅客感知觉的影响 …… 34

项目三　情绪情感与轨道交通运输服务 …… 45
任务一　走进情绪情感 …… 47
任务二　影响旅客情绪情感变化的因素 …… 55
任务三　客运服务人员情绪情感对服务的影响 …… 59
任务四　轨道交通运输服务中情绪情感的运用 …… 71

项目四　个性与轨道交通运输服务 …… 79
任务一　揭开个性的神秘面纱 …… 80
任务二　分析客运服务人员的个性 …… 91
任务三　培养客运服务人员良好的个性 …… 102
任务四　轨道交通运输服务中个性的运用 …… 108

项目五　需要与轨道交通运输服务 …… 115
任务一　解析人的需要 …… 116
任务二　用需求层次理论分析旅客的需求 …… 121
任务三　特殊旅客的服务需要 …… 130

项目六　群体心理与轨道交通运输服务 …… 139
任务一　透视群体心理 …… 140
任务二　洞察旅客的群体心理 …… 145
任务三　客运服务团队建设 …… 154

参考文献 …… 171

项目一　轨道交通旅客服务心理学概述

☞项目引言

轨道交通运输心理学是心理学的基本理论和方法在旅客运输领域的应用。其以铁路运输旅客为对象，研究旅客运输心理学的具体应用。旅客运输是面向人的服务，铁路旅客运输服务人员只有了解一些心理学知识，了解人的心理活动的基本规律，心理学的起源与发展，心理学研究的对象与意义，才能依据旅客的心理提供服务，从而做好旅客运输工作，提高服务质量。

☞项目任务书

名称	轨道交通旅客服务心理学概述	
学习目标	知识目标	了解心理学的发展历程 掌握心理现象 了解心理现象之间的关系 掌握轨道交通旅客服务心理学研究对象与内容
	技能目标	能准确判断常见的心理现象 能掌握轨道交通旅客服务心理学研究方法 能运用研究方法对轨道交通服务进行调研 能掌握轨道交通旅客服务心理学研究的意义
	素质目标	具有良好的社会公德、职业道德和专业基本素质 具有强烈的法律意识、安全意识与自我保护意识 具有沟通协调能力、语言表达能力、管理能力 培养团结协作、热情有礼、认真细心、遇事不惊的职业素养
学习内容	任务一　心理学概述 工作任务一　心理学的历史根基 工作任务二　心理的实质 工作任务三　心理现象 任务二　认识轨道交通旅客服务心理学 工作任务一　服务与铁路旅客运输服务 工作任务二　轨道交通旅客服务心理学研究的对象和内容 工作任务三　轨道交通旅客服务心理学研究的原则和方法 工作任务四　轨道交通旅客服务心理学研究的意义	

续表

任务描述： 客运服务人员应了解心理学发展的历史、心理现象、心理实质等基础知识，掌握人类心理的特点；能准确判断旅客的心理现象，发现旅客的心理规律，熟悉并运用心理规律为不同的旅客提供有针对性的服务；掌握轨道交通旅客服务心理学的研究方法与内容，能运用这些方法对轨道交通运输服务进行调研。 任务完成时要求做到： 1. 阐述心理现象、心理实质、人类心理的特点等基础知识。 2. 针对旅客的心理规律，提供有针对性的服务。 3. 掌握轨道交通旅客服务心理学研究的内容与方法。 4. 能根据轨道交通旅客服务心理学研究的内容有效提高服务质量。 任务实施说明： 1. 将授课班级进行分组，5～6 人为一个学习团队。 2. 每个学习团队组织学习，进行项目任务分析、任务分配。 3. 资料学习、相关知识准备，完成项目的资讯环节。 4. 现场教学、资源利用，完成项目的实训环节。 5. 学习团队按照任务分派制作相关的 PPT，派代表上台进行汇报。

【案例导入】

美国一家铁路公司有一位调车员叫尼克，他工作认真负责，不过有一个缺点，就是他对自己的人生很悲观，常以否定的眼光去看世界。有一天，同事们为了赶过去给老板过生日，都提早急急忙忙地走了。不巧的是，尼克不小心被关在了一辆冰柜车里，无法把门打开。于是他在冰柜里拼命地敲打着、叫喊着，可是由于除他之外全公司的人都走了，没有一个人来给他开门。尼克的手敲得红肿，喉咙喊得沙哑，也没人理睬，最后他只得绝望地坐地上喘息。他想，冰柜里的温度在零下 20 摄氏度以下，如果再不出去肯定会被冻死的。他越想越害怕，最后只好用发抖的双手，找来纸和笔，写下了遗书。在遗书里，他写道："我知道在这么冷的冰柜里，我肯定会被冻死的，所以……"当第二天公司职员打开冰柜时，发现了尼克的尸体。同事们感到十分惊讶，因为冰柜里的冷冻开关并没有启动，而这巨大的冰柜里也有足够的氧气，尼克竟然被"冻"死了！尼克并非死于冰柜里的温度，尸检报告也显示没有被谋杀或急病猝死的可能。

问题 1-1：尼克死亡的真正原因是什么？

问题 1-2：这个案例给你哪些启示？

任务一　心理学概述

☞任务导入

提到心理学，大多数人会认为心理学很深奥：心理学家有着高深的学问，心理学理论很复杂。其实，心理学并不深奥复杂，笼统地讲，人们的内心所进行的一切活动都属于心理学研究的范畴。例如，人们讲到客观世界的认识，人们的喜怒哀乐等情绪，人们对事物的态度，人们克服困难的意志等都源于心理活动。了解心理的实质及心理现象，体现了心理学的普遍适用性。

☞知识准备

我们为什么要学习心理学？对这个问题的回答是非常直接的：我们相信心理学研究对日常经历中的重要事件有着及时和重要的应用。我们在生活中的任何活动，都伴随着心理现象；它们是认识自我、发现自我、探索自我的媒介，也可以纠正我们大脑中错误的编码信息，等等。

一、心理学的历史根基

“心理学有着漫长的过去，但只有短暂的历史。”最早的实验心理学家之一艾宾浩斯（Hermann Ebinghous，1908）这样写道（图 1-1）。学者们很久以来就在对人类的天性提出重要问题——关于人们如何感知现实、意识的性质以及疯癫的起源——但是他们并不知道回答这些问题的方法。考虑一下公元前 4 世纪和 5 世纪由希腊哲学家苏格拉底、柏拉图和亚里士多德提出的基本问题，尽管心理学的形式早已存在于古印度的瑜珈传统中，西方心理学还是将它的起源上溯至这些伟大思想者们关于精神如何工作、自由意志的性质以及个体公民与他们的城邦或国家关系的对话。到了 19 世纪末，当研究者们将其他科学——比如生理学和物理学中的实验室技术应用于研究这些来自哲学的基本问题时，心理学才开始作为一门学科出现。

现代心理学发展过程中的一个重要要人物是威廉·冯特（Wilhelm Wundt）（图 1-2），他于 1879 年在德国莱比锡建立了第一个正式实验心理学实验室（图 1-3）。冯特曾经接受过作为生理学家的训练，但在他的研究生涯中，他的兴趣从躯体问题转移到了精神问题：他希望理解感觉和知觉的基本过程以及简单心理过程的速度。在建立他的心理学实验室的时候，冯特已经完成了一系列的研究并出版了《生理心理学原理》。当冯特的实验室在莱比锡建立的时候，他开始训练第一批特别献身于正在出现的心理学领域的研究生。这些学生大多在世界各地建立了自己的心理学实验室。

图 1-1 艾宾浩斯

图 1-2 冯特

当心理学成为一门独立学科的时候，心理学实验室开始在北美的大学中出现，首先于 1883 年出现在约翰·霍普金斯大学。这些早期实验室往往受到冯特的影响。例如，在跟随冯特学习之后，铁钦纳（Edward Tichener）成为美国的第一批心理学家之一，于1892年在康奈尔大学建立了一个实验室。但是，几乎在同时，一位学习过医学且对文学和宗教有着强烈兴趣的哈佛哲学教授发展出了一套独特的美国观点：威廉·詹姆斯（William James）——伟大的小说家亨利：詹姆斯的弟弟一写了一部两卷本的著作——《心理学原理》，它被许多专家认为是曾经有过的最重要的心理学教科书。不久以后，在1892年，斯坦利·霍尔（G. Suanley Hal）建立了美国心理学会。截至1900年，美国已经有超过40个心理学实验室（Hilgard，1986）。

图1-3　莱比锡大学心理实验室

一般认为，心理学是研究人的心理现象及其规律的科学，它以人的心理的发生、发展规律为主要的研究对象。

【实际演练】

假如你决定成立一个自己的心理学实验室，你会研究哪些类型的问题？

二、心理的实质

人的心理到底是怎么回事？要说明这个问题，就必须分析其实质。人的心理现象的物质基础包括两个方面：一方面是人脑、神经系统，这是人的心理现象赖以产生和存在的器官；另一方面是客观现实，包括人类的周围事物，乃至自身、社会生活、物质环境等，这是人的心理现象产生的源泉，二者缺一不可。

（一）心理是人脑的机能

脑是心理活动的器官，没有脑的心理，或者说没有脑的思维是不存在的。相当长一个时期，人们曾认为心脏是产生心理活动的器官，心理是心脏的机能。随着事实和经验的积累，人们逐渐认识到心理活动不是与心而是与脑联系着的。如人在睡眠和醉酒时，心脏活动与清醒时并无太大的差别，而精神状态却大不相同。一些精神病人心跳正常，但神志不清。正常发育的大脑为心理的发展提供了物质基础。

心理现象是随着神经系统的产生而出现，又是随着神经系统的不断发展和不断完善，才由初级不断发展到高级的。无机物和植物没有心理，没有神经系统的动物也没有心理，只有有了神经系统的动物才有心理。无脊椎动物的神经系统非常简单，例如环节动物只有一条简单的神经索，它们只具有感觉的心理现象，只能认识事物的个别属性；脊椎动物有了脊髓和大脑，它们有了知觉的心理现象，能够对事物外部的整体加以认识；灵长类动物，如猩猩、猴子的大脑有了相当高度的发展，它们能够认识事物的外部联系，有了思维的萌芽，但是还不能认识到事物的本质和事物之间的内部联系。只有到了人类才有了思维，有了意识。人的心理是心理发展的最高阶段，因为人的大脑是最复杂的物质，是神经系统发展的最高产物。心理现象的产生和发展的过程，说明了心理是神经系统，特别是大脑活动的结果（图 1-4）。

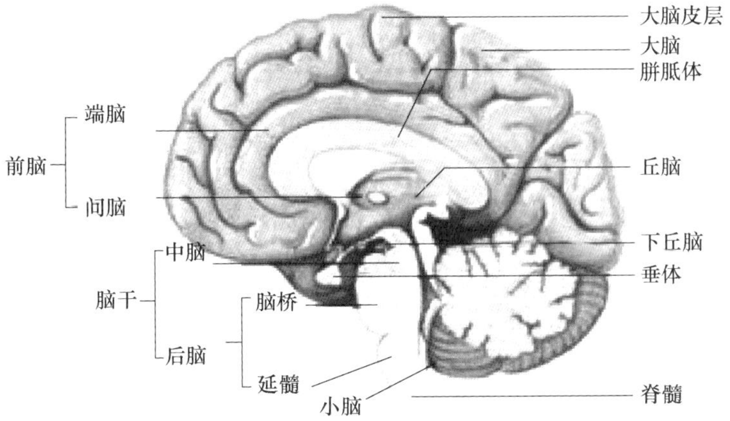

图 1-4　中枢神经系统

随着科学的不断发展，科学家的研究成果更加有力地证明了人脑是心理产生的器官、如法国笛卡尔的“反射”思想、俄国生理学家谢切诺夫的“中枢抑制过程”和巴甫洛夫的“经典条件反射系统”的创立等，都证实了脑是心理的器官，心理是脑的机能。

（二）心理是对客观现实的主观反映

就其产生的方式来说，心理是脑的反射活动。如果没有客观刺激，就不可能引起大脑皮层的神经活动以及相应的心理活动。无论是简单还是复杂的心理现象，其内容都来自客观现实。客观现实既包括自然界，也包括人类社会，还包括人类自己。20 世纪 20 年代，印度发现的两个狼孩——让狼叼走养大的孩子，他们有健全的人的大脑，但是他们脱离了人类社会，是在狼群里长大的，只具有狼的本性，而不具备人的心理。因此，心理也是社会的产物，离开了人类社会，即使有人的大脑，也不能自发地产生人的心理。

心理对客观现实的反映具有主观性，个人的知识经验、个性差异和年龄特征以及当时所具有的不同心理状态都会对客观现实产生深刻的影响。因此，对同一客观事物的反映的不同，造成了人对客观现实反映的主观性。

作家吴承恩在《西游记》中创造出猪八戒、进行孙悟空等现实生活中从未有过的人物形象，事实上是作家把现实生活中的猪、猴进行拟人化的结果。离奇古怪的思想、做梦等也是以现实为蓝本的。

（三）心理是以活动的形式存在的

心理是在人的大脑中产生的客观事物印象，这种印象本身从外部是看不见也摸不着的。但是，心理支配人的行为活动，又通过行为活动表现出来。因此，可以通过观察和分析人的行为活动来研究人的心理。同一个人，在不同的时间、环境和主观状态下对同一事物的反应也是不同的。就如一个人刚搬进新家的反应与久居后的反应是不一样的。

三、心理现象

心理现象多种多样，且非常复杂，心理学既研究个体心理现象，也研究群体心理现象。心理现象是心理活动的表现形式，是指人在社会活动中通过亲身经历和体验表现出的情感和意志等活动。它包括心理过程和个性心理两大部分，心理学的研究对象是心理现象。

（一）心理过程

心理过程是人对现实的反映过程，是一个心理现象的动态过程，也就是人脑通过感官认识现实中的各种事物，思考事物之间的因果关系，进而产生喜怒哀乐等情绪情感体验。心理过程包括认知过程、情绪和情感过程及意志过程。

1. 认知过程

认知过程是人脑对客观事物的现象和本质的反映过程，是人最基本的心理过程。人的一切心理活动都是从认知开始的。人们能闻到气味，看见颜色，听到声音，用手触摸物体时，感到物体是冷的、热的、硬的、软的等，这就产生了不同的感觉，感觉是一种最简单的心理现象。在感觉的基础上，人们能分辨出整个物体，如火车和汽车，花草和树木，鸡和鸭等，这就产生了知觉。人们把感知过的事物保留在头脑中，当接触过的事物再次出现时即可认出它，这就产生了记忆。看到鸟在天空飞，人们就想象人也能像鸟一样自由翱翔蓝天，于是人类就制造出了飞机，这就产生了思维和想象。

2. 情绪、情感过程

情绪、情感过程是人对所认识、所操作的事物的态度的主观体验过程。“人非草木，孰能无情”，人们在认识客观世界的时候，总是根据事物能否满足自己的需要而产生一定的态度，自己对这个态度加以体验，如对祖国大好山河的热爱，对革命先烈的崇拜，对不道德的行为愤怒，获得成功时的喜悦等这些心理现象都属于情绪情感过程。

3. 意志过程

意志过程是指为达到预期目的并与克服困难相联系的心理活动过程。人不仅能认识客观世界还能改造客观世界。为了认识和改造客观世界，就必须有计划有目的地进行工作。在完成某些任务时，常常需要战胜挫折，克服困难。

（二）个性心理

俗话说：“人心不同，各如其面”。它说的是不同的人有不同的个性。人们在现实生活中，每时每刻都受到社会的、自然的各种因素的影响，同时他们的思想行为也不断地影响着周围的环境和其他人。因此，人的能力有高有低，人的脾气有急有慢，人的性格有直爽有豪迈等，这就是个性心理。个性心理是一个人在社会实践中形成的相对稳定的各种心理现象的总和。它包括个性倾向性和个性心理特征两方面。

1. 个性倾向性

个性倾向性是指一个人所具有的意识倾向和人对客观事物的稳定的态度，包括需要、动机、兴趣、理想、信念、世界观等因素。它决定着个体对现实世界的认知态度和活动对象的选择与偏向，是个性结构中最活跃的因素。比如，一个人希望得到团队的承认，并在团队中享有一定的地位，这种内部动力会成为推动他处理各种人际关系的动机。动机的基础是人的各种需要，如工作需要，人际关系的需要，成功的需要等。

2. 个性心理特征

个性心理特征是一个人经常表现出来的本质的、稳定的心理特点，包括能力、气质、性格等因素，这种特点是个性倾向性稳固化和概括化的结果。它集中反映了人的心理活动的独特性，性格是区别一个人与众不同的最明显的特点，它是个性的核心。有的人喜欢跳舞，有的人喜欢打球，这是人的兴趣差异；同样是客运服务人员，有的人说话流利、简明、具有条理性，有的人快言快语，有的人沉默寡言，这是人的气质差异；有的人诚实可靠，有的人积极进取，有的人被动懒惰，这是人的性格差异。

人在感知某一事物，回忆某一件事情，思考一个问题，想象一个形象，体验一种情感的思维过程中，必须把自己的心理活动有选择地指向和集中在一定的对象上，这就是注意。注意是伴随在心理过程中的一种特殊心理现象，它既不属于心理过程，也不属于个性心理，但它是人们从事任何活动、获取信息和提高工作效率必要的心理条件。

（三）心理现象在之间的关系

人的心理过程和个性是相互密切联系的。一方面，个性是通过心理过程形成的，如果没有对客观事物的认识，没有对客观事物产生的情绪和情感，没有对客观事物的积极反应的意志过程，个性是无法形成的。另一方面，已经形成的个性又会制约心理过程的进行，并在心理活动过程中得以表现，从而对心理过程产生重要影响，使之带有个人的色彩。如人们的兴趣不同，动机不同，他们认识活动的指向、内容也有所不同；性格不同的人，其情绪表现也不同。

心理现象结构如图 1-5 所示。

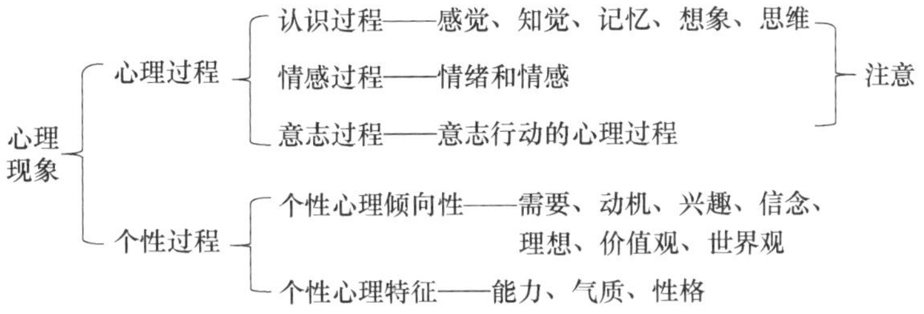

图 1-5　心理现象结构图

【实际演练】

以自己为研究对象，以某个事物或某次经历为依托，绘制自己的心理现象图。

四、人类心理的基本特点

人类心理的基本特点主要包括概括性、目的性、主观能动性和社会制约性。

（一）概括性

“凡是这样必那样”，对客观事物有这样的认识就是概括，它是人类区别于动物的主要标志。比如，人类已经形成了这样一些概括性的认识：“凡是水都可以灭火”“凡是金属都能导电”等。

（二）目的性

目的性是概括性的必然结果。概括性是“凡这样必那样”，目的性是“要那样就这样”。“凡是水都可以灭火”是概括性，“要灭火就要用水”则是目的性。目的性是当事物没有出现前，就有所预见，按预见行动。如果按照事物现状去行动，就不能说有目的性。在活动中，人类的目的在先，行为在后；动物则是行动在先，目的在后。

（三）主观能动性

主观能动性是人能够根据目的和对客观事物规律的认识，使客观事物服务于自己。动物没有主观能动性，他们的行为完全是被动的，是受本身生理状态和客观现实情况支配的。而人可以认识规律，使规律为自己服务。

（四）社会制约性

人类心理不仅是自然界长期发展的产物，而且是社会的产物。人类意识的发展服从于社会历史的规律，是为人类改造世界服务的。即使是反映自然界的规律，也受到历史条件的制约。劳动创造了人类的心理，同时推动了社会的发展，人类不论是反映自然界还是反映人类社会，都是在一定的社会活动中发展起来的。随着社会的发展，人类的心理内容也日益丰富和发展。

其一，不同的社会历史发展期，由于社会生产力和科学技术发展的水平不同，人的心理具有不同的发展水平和特点。其二，个体从事的社会实践活动水平不同，其心理发展的水平和特点也不同。其三，在阶级社会中，不同阶级地位的人，其心理发展的特点也不一样。

工作任务一

制作 PPT，阐述心理学的历史。

工作任务二

制作 PPT，阐述心理的实质。

工作任务三

制作 PPT，阐述心理现象。

☞任务评价

心理学概述

项目任务	掌握心理学基础知识				
班级		姓名		评价时间	
【考核内容】					
考核项目	考核标准			分值	得分
心理学的历史	心理学的起源、发展、独立形成学科			15	
心理实质与心理现象	心理实质			10	
	两个心理现象			25	

续表

考核项目	考核标准	分值	得分
制作内容	制作能清晰展示 PPT 的演讲稿	15	
	要求类型分析准确，文字流畅	15	
	做到内容熟练、图文并茂	20	
指导教师意见：			
说明：1. 建议采用四级评分制（如 90%～100%，80%～90%，60～80%，<60%）。 2. 主要采用小组互评的方式进行评价，教师最后进行参考评分。			

任务二　认识轨道交通旅客服务心理学

☞**任务导入**

心理学既是一门理论学科，也是一门应用学科。心理学应用研究的各个分支在实际工作中可以直接起作用。例如，教师可以利用教育心理学的规律来改进自己的教学实践；商场的工作人员利用消费和广告心理学的知识重新设计橱窗，陈设商品；公司经理利用组织与管理心理学的知识激励员工，鼓舞士气等。下面主要介绍轨道交通旅客服务心理学理论在轨道交通运输服务工作中的应用。

☞**知识准备**

一、服务与铁路旅客运输服务

（一）服务

1. 服务的定义

对于服务的阐释和理解有许多种，其中比较有代表性的有以下几种。

（1）服务是本质上不可感知和不涉及实物所有权转移，但可区分、界定和满足欲望的活动。

（2）服务一般是以无形的方式，在顾客与服务人员、有形资源商品或服务系统之间发生的，可以解决顾客问题的一种或一系列行为。

（3）服务是一种不可自产自用，只能交易买卖的东西。

（4）在我国，受传统思想及文化的影响，一般认为服务就是为他人做有益的事情，并使他人从中收益的一种有偿或无偿的活动，不以实物形式而以提供劳动的形式满足他人某种需要。

结合以上这些观点，可以这样来理解轨道交通旅客服务：服务是看不见的，但能被旅客感受到；服务人员的一言一行、一举一动，他们的情绪、态度表现等，都能被旅客真实地体会、觉察到，并给旅客心理造成或好或坏的影响；服务基本属于精神层面的东西，主要受服务人员的职业道德、礼貌修养及心理素质等的影响。

2. 服务的特征

根据服务的定义，其具有如下特征。

（1）利他性。

服务是满足他人需要的活动，不是满足自己需要的活动。满足自己需要的活动不能叫服务。服务是不能自产自用的东西，只有满足他人需要的活动才能是服务。服务离不开他人的需要。

（2）交易性。

服务是用以交易的活动。在市场经济条件下，满足他人需要的服务只有通过交易才能提供，离开交易，就不存在真实意义上的服务。比如，父母照看自己的孩子，自己照顾自己的父母，就不能称为服务。而保姆照顾他人的孩子，就可以叫服务，因为这里存在着交易。

（3）无形性。

服务本身是无形的或抽象的。不仅律师、护理、保姆这些纯服务是无形的，就连交通、金融、保险、餐饮、旅游等具有有形实体成分的服务，本质上也是无形的。

（4）服务与所有权无关。

服务是一种人的活动，人的活动能被他人所享用，但不能被他人所占有。因此，服务本身不发生所有权转移。

3. 服务的分类

按流通的性质可以将服务分为四大类。

（1）流通服务。

流通服务涵盖交通、快递、批发、零售等行业。交通服务分为公路客运、铁路客运、航空客运、水路客运等。流通服务的特点是：服务的物质性和服务之间的依赖性。

（2）生产和生活服务。

生产和生活服务涵盖银行、证券、保险、职业介绍、广告、娱乐、餐饮、美容等行业。其中，银行、证券等属于生产服务；餐饮、娱乐、美容等属于生活服务；保险、职业介绍等属于生产和生活服务兼顾。

（3）精神和素质服务。

为满足人们精神需要和身体素质需要的服务，教育、文艺、科学等服务于人的精神享受和精神素质的需要；体育运动、医疗卫生、环境保护等服务于人的身体素质需要。精神和素质服务的特点是：精神性、门类多样性、非营利性。

（4）公共服务。

公共服务指政府机构（包括警察、军队等）提供的服务。同时也包括提供公共物品，如水、电、气等；提供公共环境，如安全稳定的社会环境、秩序井然的市场环境、公平正义的法制环境等。公共服务以这两种方式满足公共需要的过程。

（二）铁路旅客运输服务

1. 我国铁路旅客运输概况

随着轨道交通运输业的发展，铁路出行逐渐成为我国人们出行的首选（图 1-6）。据统计，2018 年全国铁路完成旅客发送量为 33.75 亿人次，同比增长 9.4%；国家铁路完成 33.17 亿人次，同比增长 9.2%，其中动车组为 20.05 亿人次，同比增长 16.8%。全国铁路营业里程达 13.1 万千米以上，其中高铁为 2.9 万千米以上。2019 年全国铁路旅客发送量完成 36.60 亿人次，比 2018 年增加 2.85 亿人次，增长 8.4%。其中，国家铁路为 35.79 亿人次，比上年增长 7.9%。

图 1-6　铁路运输

全国铁路旅客周转量完成 14706.64 亿人公里，比上年增加 560.06 亿人公里，增长 4.0%。其中，国家铁路 14529.55 亿人公里，比上年增长 3.3%。据测算，到 2025 年铁路网规模将达到 17.5 万千米左右。

2. 铁路旅客运输服务的定义

铁路旅客运输服务，就是通过客运人员向旅客提供一定的劳务活动，即提供安全、快捷、舒适的服务，满足旅客在旅行中的需要。铁路旅客运输“产品”就是旅客的“位移”，旅客从甲地到乙地的旅行过程中，客运服务人员提供的运输和服务与旅客对旅行和服务的消费是同时进行的。铁路运输服务正是这种能够创造特殊使用价值的劳动，是满足人们生活需要的一种社会服务。

3. 铁路旅客运输服务的内容

旅客运输服务的基本任务是最大限度地满足旅客的旅行需要，将旅客安全、准确、快速地送达目的地，并提供良好的物质、文化生活服务以保证旅客在旅行途中的舒适和愉快。

铁路旅客运输服务的基本流程可以简单描述为：乘客购买车票→乘坐去车站的交通工具→车站检票→乘车→在旅途中中转、换乘→到达目的地车站→乘坐离开车站交通工具。

车站的服务内容主要包括客票出售、安排旅客进站、安检、承运行李、候车、检票上车、指挥车辆出发和运行等。车上的服务内容主要包括安全维护、行李安置、信息广播、清洁卫生等，铁路运输运营方服务内容主要包括统计客流流量、方向、车辆调度（图 1-7）、制订运输计划等。

4. 铁路旅客运输服务的特点

（1）铁路运输服务的主要对象是旅客，其次是行李、包裹和邮件。

图 1-7　调度服务

（2）铁路旅客运输的核心产品是旅客的空间位移。它被旅客本身所消耗，其使用价值具有不确定性，其创造的社会经济效益远大于自身的经济效益。

（3）铁路客运产品具有易逝性。旅客位移的生产和消费过程同时进行，产品不能储存，不能转让，不能调拨。

（4）铁路旅客运输在时间上具有较大的波动性。

（5）铁路客运车辆实行配属制（车辆固定属于各客运车辆段），这有利于车辆的运用、管理和维修，确保车辆质量。

（6）铁路客运站一般设在客流易于集散处，使旅客便于换乘不同的交通工具。一般应靠近城镇，并能与市内交通及其他各种交通工具进行良好的配合。旅客列车到发线及站台一般按方向和车次固定，不会随意变更。

（7）旅客在旅行中有不同的物质、文化需要，如饮食、休息、通风、照明等。轨道交通运输企业不仅应满足这些需求，而且还应积极创造、改善良好的旅行环境并提供优质的服务。

（8）铁路旅客列车都是根据需要事先编好组并按固定时刻表运行的，旅客根据自己旅行的需要选择日期、车次、到达站、座位。

（9）轨道交通运输企业应向旅客提供不同等级、旅行速度的运输产品，供不同需要、不同消费水平的旅客选择。

（10）铁路旅客运输服务质量的控制主要在于控制过程，这区别于工业产品的质量控制。客运服务必须对售票、候车、乘车、列车服务等方面进行全程控制。

二、轨道交通旅客服务心理学研究的对象

轨道交通旅客服务心理学研究的对象包括两个：一是运输服务的对象即旅客；二是运输服务的提供者即客运服务人员。

在运输的过程中，旅客的大部分时间是在列车上度过的，旅客需要客运服务人员对他们的尊重与友好、文明与礼貌、热情与诚恳、亲切与关怀等良好的服务态度，这些会使旅客得到心理和精神上的满足。为使旅客满意，一方面要加强对铁路客运服务人员的技能培训，提高铁路客运服务人员的素质和服务水平，做到随时根据旅客的需要，提供满意的服务；另一方面要充分重视旅客的心理需求，因为满足旅客的心理需求是提高运

输服务质量的重要途径。对有不同旅行服务需求的旅客，要提供相应的服务，使旅客的旅行过程始终伴随良好的心理体验，从而提高旅客的满意度，进而提高运输企业在市场中的竞争力。

三、轨道交通旅客服务心理学的研究内容

（一）旅客的消费心理和行为

旅客作为消费者总是按照自己的兴趣、意图和偏好来选择自己喜欢的产品或服务，其心理特点、心理需求影响着铁路运营方的决策和服务导向。对于铁路运营方及其服务人员而言，只有了解旅客的心理规律，才能正确理解并预测旅客的行为，从而为旅客提供更好的服务。轨道交通旅客服务心理学主要研究旅客的认知、情绪情感、需要、个性等，了解心理因素对其消费行为的影响及其选择，了解其接受服务后的心理变化。

（二）客运服务人员的心理和行为

客运服务人员在为旅客服务的过程中要尽量满足旅客合理的需要，同时还要按照自己的行业及自身的原则、利益行事。服务人员的心理状况对于行车安全、旅客安全和服务质量都有非常重要的影响。旅客服务心理学主要研究客运服务人员与旅客的沟通，为不同旅客提供有针对性的服务，处理各种事物及突发事件的方法与技巧；研究客运服务人员在工作中应具备的良好心理品质，提高心理素质，维护心理健康的途径与方法。

（三）旅客与客运服务人员的心理变化

随着社会的发展，人的个性化需要日益增多，旅行消费也随之更加个性化。旅客运输服务在做到安全、舒适、快捷等的同时，还要提供富有变化的服务。变化的个性和变化的服务相互作用，导致旅客与客运服务人员在服务形式、内容和要求上会表现出矛盾或冲突，这些都属于轨道交通旅客服务心理学的研究内容。

【案例厅】

调查显示，轨道交通运输的旅客可以分为学生、公职人员、商务人士等。不同性别，不同年龄、不同职业的旅客，其需求的内容、方式及行为表现是有区别的。以空调为例，老年旅客和青年旅客的要求就不同，特别在可开与可不开的情况下，开了老年人会受不了；不开，青年旅客会找列车长说："我买的空调列车车票，为什么享受不了空调?"有些旅客喜欢在车厢内吃东西，而不愿意到车厢连接处去，有些旅客可能会因为讨厌车厢内食物混杂的气味，如果处理不好就容易引起冲突。一旦他们的需求没有得到满足，他们可能就会通过投诉或以其他方式来发泄自己的不满。

问题 1-3：上述案例研究的对象是什么？主要研究了哪些方面？

四、轨道交通旅服务心理学研究的原则

（一）客观性原则

客观性原则，是指对任何心理现象都必须按照它的本来面貌加以研究和考察，不附加任何人主观意愿的原则。

人的心理虽然是在头脑里进行的活动，但它是客观现实的反映。一切心理活动都是由内外刺激引起的，并通过一系列的生理变化在人的外部活动中表现出来。研究人的心

理，就是要从这些可以观察到的、可以进行检查的活动中着手。人的心理活动无论如何复杂或做出假象与掩饰，都会在行动中表现出来或在内部神经生理过程中反映出来。

（二）联系性原则

人生活在极其复杂的自然环境和社会环境中，因此心理现象的产生都要受自然和社会诸多因素的影响和制约。人对某种刺激的反映，在不同时间、环境和主体状况下，反应往往是不同的。因此，在对人的某种心理现象研究和分析中，不仅要考虑与之相联系的其他因素，而且要在联系与关系中探讨心理活动的真正规律。

（三）发展性原则

世界上的一切事物都是变化发展的，心理现象也是如此，这就要求轨道交通旅客服务心理学的研究也要从心理史前发展、意识发展、个性发展以及环境和教育条件变化等不同方面，揭示客运服务人员和旅客的心理发生、发展规律。

首先，心理、意识虽然是很复杂的现象，但可以通过剖析将其分解为各种形式进行专门的考察研究，而后通过综合将其看作有机联系的整体加以理解；其次，在研究某一种心理活动与现实条件的依存关系时，可以分别考察某一条件在其中所起的作用，而后揭示各种规律加以综合运用。

五、轨道交通旅客服务心理学研究的方法

（一）观察法

观察法是在自然情景中对旅客和客运服务人员的外部行为进行有目的、有计划的直接观察，了解他们心理活动的产生及发展规律。观察法分为自然观察法和系统观察法。自然观察法是指在完全自然发展的状态下进行，不使观察对象由于观察本身而受到任何影响。系统观察是指预先确定观察者的观察事项和观察点，从预定的方向系统地观察对象的行为表现。比如，列车晚点了，观察旅客的情绪反应时就要观察不同职业、不同年龄、不同性别的旅客所表现出来的行为特点。

观察法的优点是简便易行，直接自然，所得材料客观可靠；缺点是研究者处于被动地位，只能等待旅客及客运服务人员相应的心理现象或反应，如果观察者缺乏相应的观察技能，观察得来的材料就难以量化和结论化。

【实际演练】

使用观察法研究轨道交通旅客心理，你认为应该观察哪些方面？

（二）调查法

调查法是通过调查、访问、谈话、问卷等方式搜集有关资料，以间接了解旅客与客运服务人员的心理和行为的一种方法。调查法主要包括书面调查和口头调查。

书面调查即问卷法，是设计出表格让被调查者自行填写而用以搜集资料的一种方法。比如，可以通过书面调查旅客的购票方式来分析旅客购票时更看重便捷性还是服务性。

口头调查即谈话法，是研究者通过面对面的交谈方式与被研究对象进行交流，搜集口头资料的一种方法。比如，可以通过口头调查旅客对食物的喜好来调整列车上的餐饮结构。

【实际演练】

亲爱的旅客朋友：

您好！为了了解您的旅途情况，以提高有关单位的服务水平，特进行本次调查。您无需署名，请根据自己的实际情况或想法答题，感谢您的配合！

一、基本信息，请在符合您情况的选项上打“√”

1. 性别：A. 男　B. 女

2. 旅途：A. 短途（50千米以内）　B. 中长途（50～200千米）　C. 长途（200千米以上）

3. 职业：A. 学生　B. 职员　C. 商人　D. 务工人员　E. 其他

二、请在最符合您情况或想法的选项上打“√”

1. 您出行最关心的是什么？

A. 安全　B. 便捷　C. 舒适　D. 经济　E. 其他

2. 您一般首选哪种购票方式？

A. 车站　B. 代售点　C. 网络购票　D. 电话预定　E. 其他

……

请仿照以上调查问卷，设计一份春运期间旅客状况的调查问卷。

（三）测验法

测验法就是用标准化的量表来测试被试者的智力、性格、态度等。测验法按照内容可以分为性格测验、气质测验、职业倾向测验等。为了保证测验的信度与效度，一要对某种心理品质进行深入的研究，二要注意量表的科学性。

测验法的优点：具有普遍的应用价值，可以大范围使用，测验结果能进行定量分析，具有一定的信度与效度，成本低；其缺点：量表的制作有一定的难度，处理数据的工作量大。

六、轨道交通旅客服务心理学研究的意义

（一）提高客运服务工作的主动性

一切客观事物都有它自身的发生、发展规律，人们如果能够正确认识和掌握客观事物的规律，按规律办事，就会使自己的工作处于主动地位，客运服务工作也是如此。旅客出门乘车旅行出现的心理活动，是旅客在旅行过程中各种需要的综合反映。比如，通勤职工乘车习惯是掐点上车，短途旅客总是要到接近开车时才买票，青少年旅客喜欢在车厢内走动等，这些是一般旅客正常的心理活动。认识并掌握旅客的这些规律，尽可能按规律办事和服务，如列车处于超员的状态时，客运服务人员从体贴旅客旅途困难着想，主动为无座旅客排忧解难，为临时患病的旅客主动送水、送药等。

（二）提高客运服务工作的针对性

铁路客运服务人员应掌握旅客心理，探索服务规律，主动为旅客服务，但只做到这些还不够。由于客运服务人数有限，不可能满足所有旅客表现出来的和潜在的所有需要，因此要提供有针对性的服务，比一般性服务的难度还要大。比如，同样买卧铺，不是每个旅客都要下铺；南方人、北方人同进餐车用餐，也不一定是南方人爱吃甜食和米

饭，北方人全要面食。所以，提供有针对性的服务，要求轨道交通客运服务人员细致地了解和掌握旅客心理，包括共性心理和个性心理。

（三）提高客运服务工作的周到性

服务周到与否是相对而言的，既受旅客旅行心理需要满足水平要求的影响，又受环境、条件、时间等因素的制约，很难统一标准。从概念上讲，能够实现客运工作标准的要求，能最大限度满足旅客旅行中的心理需要，也可以说是周到的服务。由于我国目前轨道交通运能和运量还存在一些结构性矛盾，在旅客运输中还存在许多的问题满足不了旅客的要求，这是客观事实。例如，春运期间一票难求，托运行李常遇到停办、限办等。实质上，这些都是服务不周到的反映。面对这种情况，客运部门要尽力去做能做到的，实在做不到的，也要做好耐心、热情的解释工作以弥补服务不周。

（四）提高客运服务管理工作水平

客运服务管理工作是为旅客提供优质服务的基础。提高客运服务管理工作水平，必然会促进文明服务程度。做好客运服务管理工作，提高服务质量，除了采用现代化管理手段，更重要的是要体现全心全意为人民服务的精神。一切客运服务管理方法、制度、措施、标准等的制订，都要依据国家的方针、政策、规章等，同时充分考虑站、车的实际条件和旅客的需要。要根据旅客心理活动改进旅客运输各方面的管理工作，如车站售票窗口工作时间的安排，应考虑各站客流规律及不同类型旅客的心理要求而制订；餐茶供应应根据站、车所吸引的不同结构的旅客心理需求和站、车的实际条件，确定供应品种、方法等。

工作任务一

制作 PPT，阐述服务与铁路旅客运输服务。

工作任务二

制作 PPT，阐述轨道交通旅客服务心理学研究的对象和内容。

工作任务三

制作 PPT，阐述轨道交通旅客服务心理学研究的原则和方法。

工作任务四

制作 PPT，阐述轨道交通旅客服务心理学研究的意义。

☞任务评价

认识轨道交通旅客服务心理学：

项目任务	掌握轨道交通旅客服务心理学研究内容				
班级		姓名		评价时间	
【考核内容】					
考核项目	考核标准		分值	得分	
服务与铁路运输服务	服务、铁路运输服务基本内容		15		
轨道交通旅客服务心理学的研究	研究的对象、内容		10		
	研究的原则、方法和意义		25		

续表

考核项目	考核标准	分值	得分
制作内容	制作能清晰展示 PPT 的演讲稿	15	
	要求类型分析准确，文字流畅	15	
	做到内容熟练、图文并茂	20	
指导教师意见：			
说明：1. 建议采用四级评分制（如 90%～100%，80%～90%，60～80%，<60%）。 2. 主要采用小组互评的方式进行评价，教师最后进行参考评分。			

☞思考与练习

一、不定项选择题

1. 在中、长距离和大密度、高频率的城际和市郊旅客运输工具中具有明显优势的运输方式是（　　）。

A. 公路运输　　B. 铁路运输　　C. 航空运输　　D. 水路运输

2. 心理的实质是（　　）。

A. 心理是思维的结果　　B. 心理是人脑的机能

C. 心理是对客观现实的反映　　D. 心理是以活动的形式存在的

3. 心理过程可以分为（　　）。

A. 认知过程　　B. 情绪情感过程

C. 意志过程　　D. 个性过程

4. 心理学第一个实验室建立在（　　）莱比锡大学。

A. 美国　　B. 英国

C. 法国　　D. 德国

5. 服务的特征有（　　）。

A. 服务与所有权无关　　B. 利他性

C. 无形性　　D. 交易性

二、填空题

1.（　　）是人脑对客观事物的（　　）和（　　）的反映过程，是人最基本的心理过程。

2. 铁路运输服务主要对象是（　　），其次是（　　）、（　　）和邮件。

3. 心理学是研究人的（　　）及其（　　）的科学，它以人的心理的发生、发展规律为主要的研究对象。

4. 轨道交通旅客服务心理学研究的对象是（　　）和（　　）。

三、简答题

1. 简述轨道交通旅客服务心理学研究内容。

2. 简述人类心理的特点。

3. 简述轨道交通旅客服务心理学的研究方法。

四、案例分析题

阅读下列案例，回答问题。

A 和 B 是两名高乘专业的学生，新学期开学第一天，他们拿到课表，就对课程展开了讨论：

A：“哎，你看，我们还有《轨道交通旅客服务心理学》!”

B：“我也看到了，高乘专业学什么心理学啊?”

A：“难道防止我们有什么心理障碍?”

B：“别开玩笑了，我猜是研究旅客的心理。”

A：“这有什么可学的呀，难道列车运行的时候我们除了盯着安全、送餐送水，还要给旅客做心理辅导?”

1. 两位同学产生这段对话的根本原因是什么?

2. 你认为本课程将会对你今后的客运服务工作有哪些实际指导意义?

答案：

一、1. B。2. BCD。3. ABC。4. D。5. ABCD。

二、1. 认知过程、现象、本质。2. 旅客、行李、包裹。3. 心理现象、规律。4. 旅客、客运服务人员。

三、略

四、略

☞**任务实施**

实训：轨道交通运输公司心理学应用调查

一、活动目的

深入认识轨道交通旅客服务心理学的研究内容与意义。

二、活动准备

1. 全班同学分成若干组，5～6 人一组。

2. 各组搜集所选轨道交通运输公司的资料，以及关于服务心理方面的培训新闻或案例等。

三、活动过程

1. 可选的轨道交通运输公司有：广铁集团、北京铁路集团，等等，同学们可以自主选择任意一个轨道交通运输企业。

2. 每组选两名代表发言，第一名代表负责描述企业概况，第二名代表负责阐述企业关于服务心理方面的培训新闻或案例。各组人员轮流发言。发言人要将内容提炼，每个人发言的时间控制在 3 分钟左右。

3. 讨论反思：

(1) 轨道交通运输企业的服务心理培训包含哪些内容？这些培训内容对客运服务人员有什么实际意义？对于该企业的发展又有什么意义?

(2) 同学们的发言中，给你留下印象最深刻的是哪个？该同学的发言内容你记住了哪些？为什么给你的印象最深？如果下次是你发言，你会在哪方面表现得更好?

四、活动总结

活动完成后，每人写一篇 300 字以上的心得体会。

☞项目学习评价

学习完本项目后，请根据自己学习所得，结合下表内容进行评价。分 A、B、C 三个等级进行评价。A：充分；B：一般；C：不足。

评价内容	评价方式			评价等级
	自评	小组评议	教师评议	
课前预习本项目相关知识、相关资料				
掌握心理学发展历程				
掌握心理现象				
学会分析客运服务人员的心理现象				
掌握轨道交通旅客服务心理学的研究方法				
掌握轨道交通旅客服务心理学的研究内容				
学会运用研究方法进行调研				
参与教学中的讨论与练习，并积极完成				
善于与同学合作				
学习态度及完成作业情况				
总评				

项目二　感知觉与轨道交通运输服务

☞项目引言

心理学研究表明，感知觉过程是解释各种行为的一把万能钥匙。每个人都有感知觉，它对旅客的选择、注意、需要等方面都有着重要的影响。感知觉的理论对于轨道交通运输服务具有普遍的指导意义：一方面可以帮助客运服务人员察辨旅客的心理，从而提供有针对性的服务；另一方面可以使轨道交通运输企业有目的地设计客运物质环境。因此，了解感知觉的内涵与特征，学习轨道交通旅客知觉的规律，有利于更好地处理服务中遇到的各种问题，从而使旅客产生美好的旅行体验。

☞项目任务书

名称	感知觉与轨道交通运输服务	
学习目标	知识目标	了解感知觉的概念、种类及它们之间的关系等 熟悉影响旅客感知觉变化的因素 掌握旅客感知觉的内容 掌握旅客感知觉的偏差
	技能目标	能准确判断常见的感觉现象 能运用感知觉心理学知识对旅客进行有针对性的服务 能运用感知觉培养方法培养一支优秀的客运队伍
	素质目标	具有良好的社会公德、职业道德和专业基本素质 具有强烈的法律意识、安全意识与自我保护意识 具有沟通协调能力、语言表达能力、管理能力 培养团结协作、热情有礼、认真细心、遇事不惊的职业素养
学习内容	任务一　探索感知觉 　工作任务一　感觉的基础知识 　工作任务二　知觉与错觉的基础知识 任务二　轨道交通运输服务对旅客感知觉的影响 　工作任务一　旅客感知觉的内容及影响因素 　工作任务二　旅客感知觉的偏差 　工作任务三　客运服务人员感知觉能力的培养	

续表

任务描述： 客运服务人员应了解感知觉的含义、分类、区别与联系等基础知识，掌握客运服务人员感知觉能力培养的方法；能准确判断影响旅客感知觉的因素，熟悉并运用感知觉的心理学知识为不同的旅客提供有针对性的服务；掌握旅客感知觉的内容，能运用这些感知觉内容改善轨道交通运输服务的环境。 任务完成时要求做到： 1. 阐述感知觉的含义、类型、区别与联系等。 2. 针对影响旅客感知觉变化的因素，提供有针对性的服务。 3. 掌握客运服务人员感知觉培养方法。 4. 能根据引起旅客感知觉变化的因素改善旅客运输服务的环境。 5. 能有效处理旅客在旅行出现的各种感知觉问题。 任务实施说明： 1. 将授课班级进行分组，5～6 人为一个学习团队。 2. 每个学习团队组织学习，进行项目任务分析、任务分配。 3. 资料学习、相关知识准备，完成项目的资讯环节。 4. 现场教学、资源利用，完成项目的实训环节。 5. 学习团队按照任务分派制作相关的 PPT，派代表上台进行汇报。

【案例导入】

乔纳森是一名画家，在他颇有成就的艺术生涯中，曾经用各种美丽的颜色创作出大量的抽象画。然而 65 岁时，他由于脑损伤而丧失颜色知觉，变为色盲。从此，当他再次审视自己的画作时，看到的只是灰色、黑色和白色。他在以往色彩缤纷、充满丰富多彩个人体验的画作中看到的仅仅是“肮脏的”或“不合逻辑的”斑点。他已经认不出自己的作品了。以后的日常生活里，他只吃黑色和白色的食物——黑色的橄榄和白色的米饭看起来还可以，而有颜色的食物则变成了令人不安的灰色，看起来也不好吃。

然而，乔纳森的故事最终不是一幕悲剧。过了一段时间，他从最初混乱的感觉中恢复过来。乔纳森先生开始探索用黑白两色进行创作的可能性。崇拜他画作的人们把他的这段时期看作他艺术生涯中新鲜、有趣的阶段，而不知道是因为脑伤才使他的艺术方向发生了改变。乔纳森先生认为突如其来的色盲为他打开了视觉世界的新领域：“尽管乔纳森不能否认他的损失，甚至在某些时候感到忧伤，但是他感觉到他的视觉变得‘十分精确’与‘特殊’，他看到了由色彩构成的单纯的形状和整齐的世界。”因此，尽管丧失了颜色视觉，乔纳森的感觉过程仍然能够保证他通过艺术形式表达对世界的欣赏和改造。

问题 2-1：乔纳森的故事是否会引发你对自己感觉能力的思考？

任务一　探索感知觉

☞任务导入

人们的心理活动源于感知觉，从旅客方面来说，它对旅客的选择、决策、服务期待等方面有着重要的影响。人们通过视觉、听觉、嗅觉、味觉、触觉来感知这个世界所有的信息，这些信息经过头脑的综合与解释，产生了对事物的整体认识，这就是人们感知事物的过程。在长期的实践中，人们发现了感知觉很多的特征与规律，这些特征和规律具有普遍适用性，是人们产生微妙心理变化的基础。

☞知识准备

一、感觉

（一）感觉的概念

感觉是人脑对直接作用于感觉器官的客观事物的个别属性的反映。一个物体有它的光线、声音、温度、气味等属性，我们的每个感觉器官只能反映物体的一个属性。比如，眼睛看到光线，耳朵听到声音，鼻子闻到气味，舌头尝到滋味，皮肤感受到温度和光滑的程度，等等。每个感觉器官对直接作用于它的事物的个别属性的反映就是一种感觉。例如，一个苹果有许多属性：光滑的表面、鲜红的颜色、甘甜的味道、清新的香气，等等。对苹果的表面，人们通过手的触摸，便能产生微凉的冷觉和硬而平滑的触觉；对苹果的颜色，通过眼睛看而产生红的视觉；对苹果的味道，通过舌头辨别而产生甜的味觉；对苹果的香气，通过鼻腔中的嗅觉器官嗅而产生香的嗅觉。这时，人们主观上关于甜的感觉，是对客观的苹果的味道属性的反映；主观上的关于红的感觉，是人们对客观的苹果的颜色属性的反映；主观上的关于微凉、硬而平滑的感觉，也都是人们对客观的苹果的相应属性的反映。

人们的感觉不是凭空产生的，也不是感觉器官和头脑里所固有的，而是客观事物的个别属性作用于感觉器官而在脑中得到反映的结果。

（二）感觉的种类

按照刺激的来源，感觉可以分为外部感觉和内部感觉。外部感觉是由外部刺激作用于感觉器官所引起的感觉，包括视觉、听觉、嗅觉、味觉和肤觉。内部感觉是由身体内部刺激所引起的感觉，包括运动觉、平衡觉和机体觉。机体觉又叫内脏感觉，它包括饿、胀、窒息、恶心、便意和性等等。

1. 视觉

视觉是人类和其他动物最为复杂、高度发展和重要的感觉。视觉能力好的动物具有极大的进化优势。精细的视觉能力有助于动物觉察到远处的猎物和天敌。人类的视觉使得他们意识到物理环境中特点的变化，并采取相应的行动。视觉是研究最为广泛的感觉。

人们可以将眼睛想成大脑用来给世界拍电影的摄影机，和摄影机一样，眼睛通过晶状体收集光线，然后聚焦，并在眼睛后部的视网膜上形成图像。晶状体会将图像左右、上下颠倒。因为视觉非常重要，所以这个视觉的反转可能影响了大脑特有的结构，人们需要记住，该结构倾向于在感觉加工中维持这种反转。因此，感觉器官发出的大多数信息会到达大脑的对侧。同样，在大脑感觉区域中身体的映射一般是反转和倒立的。

人们用眼睛来看，但只有大脑才能看见，因为人们利用大脑中视觉皮层的特殊加工区域来加工从眼睛通过视神经传递进来的信息，进而产生了视觉图像，视觉皮层就像上演魔术一样，将输入的神经冲动变为视觉中的色彩、形状、轮廓和运动（图 2-1）。

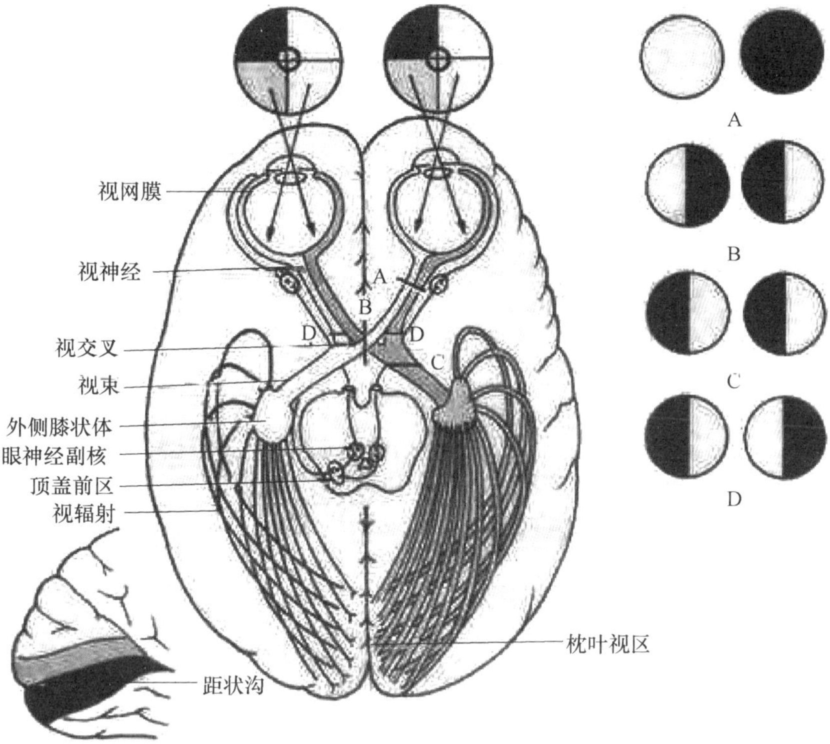

图 2-1　视觉传导通路

根据图 2-1 可以清晰地掌握了视觉刺激如何从眼睛传递到大脑。视觉系统还为人们创造了亮度和色彩，同时也转换为人们的心理感觉（表 2-1）。

表 2-1　视觉刺激变为心理感觉

物理刺激	心理感觉
波长	色彩
强度（振幅）	亮度

2. 听觉

请想象一下，如果一个人失去了听觉，他的世界将会变成什么样？他立刻就会意识到，听觉和视觉一样，能让他对空间里的物体进行定位，比如确定呼唤他名字的声音从何而来。其实，就帮助人们确定远处事物的方位而言，听觉甚至比视觉更加重要。人们经常在看见声源之前就能听见它，比如人们背后的脚步声。听觉还能让人们知道那些看不见的事情，包括话语、音乐或从后方逼近的汽车。

除了听觉的功能之外，人们还要介绍更多有关听觉的知识，便会更深入地了解人是如何听到声音的。声波由外耳（耳廓）经外耳道传送到鼓膜，鼓膜随之振动。鼓膜的振动激活了中耳的小骨（锤骨、砧骨、镫骨）。这些机械波从卵圆窗传递到耳蜗，耳蜗内的液体随之振动。液体的振动刺激耳蜗内基底膜上的微小毛细胞。至此，机械波转化为神经冲动，神经冲动沿着听觉神经被传递到大脑（图 2-2）。

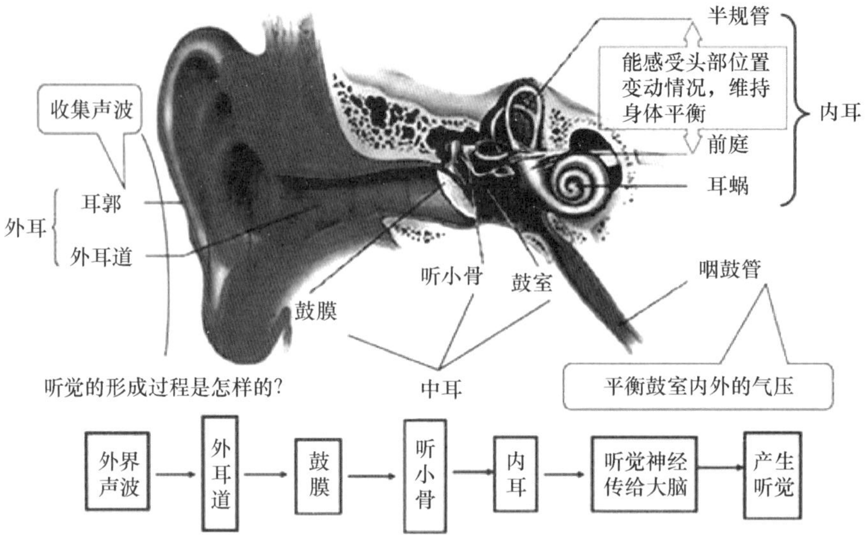

图 2-2　听觉传导通路

接下来将要回顾感觉心理学家所发现的关于声波如何产生、如何被感觉以及人们如何解释这些感觉的知识。无论一种声音来自何处，声波就像光波一样只有两种物理属性：频率和振幅。大脑将这两种特性转换为三种心理感觉：响度、音调和音色（图 2-3）。

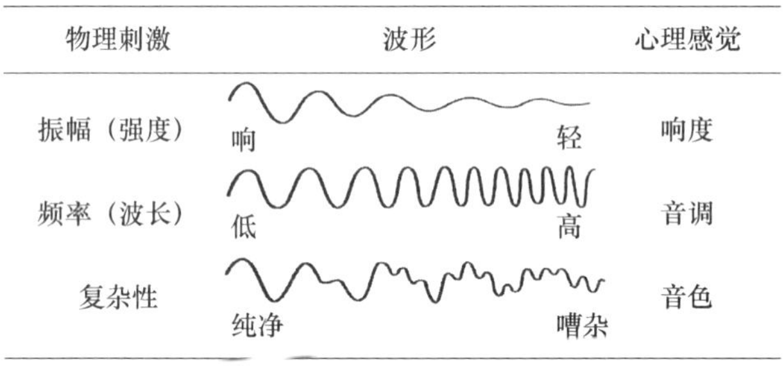

图 2-3　听觉刺激变为感觉的过程

3. 嗅觉

从生物学角度讲，嗅觉始于鼻子里发生的化学反应，气味与鼻子中特定神经细胞的蛋白质感受器发生交互作用。气味分子是复杂多变的，科学家已经记录了至少 1500 种气味分子。鼻子的感受细胞对刺激信息进行转换，并将它传递到大脑的嗅球（图 2-4）。

嗅觉与情绪和记忆都有密切的联系。因此，心理学家和作家都注意到某一气味能够唤起充满感情的记忆，有时候甚至是唤起已经忘记的事件也不足为奇。

4. 味觉

味觉和嗅觉一样，也是一种基于化学反应的感觉，它们拥有合作的工作关系。大部分人都知道味觉涉及四种基本成分：甜、酸、苦和咸，其实还有第五种味觉的基本组成成分，那就是鲜味。味觉感受细胞集中于味蕾，这些感受器聚集在舌乳头的黏膜凸起上。

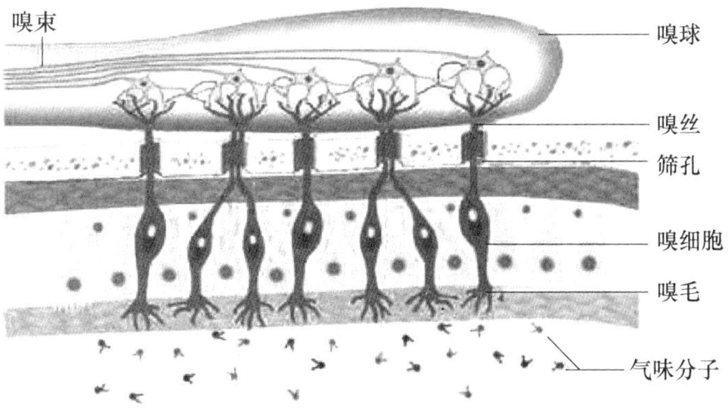

图 2-4　嗅觉感受器

味觉是发展变化的，婴儿的味觉十分敏锐，随着年龄的增加，味觉的敏锐性随之降低。味觉感受器还很容易因喝酒、抽烟、烫嘴等而受到伤害。幸运的是，味觉感受器像嗅觉感受器一样会经常更新，所以在所有感觉中，味觉受到永久性损害的可能性是最小的，完全丧失味觉的情况是极度罕见的（图 2-5）。

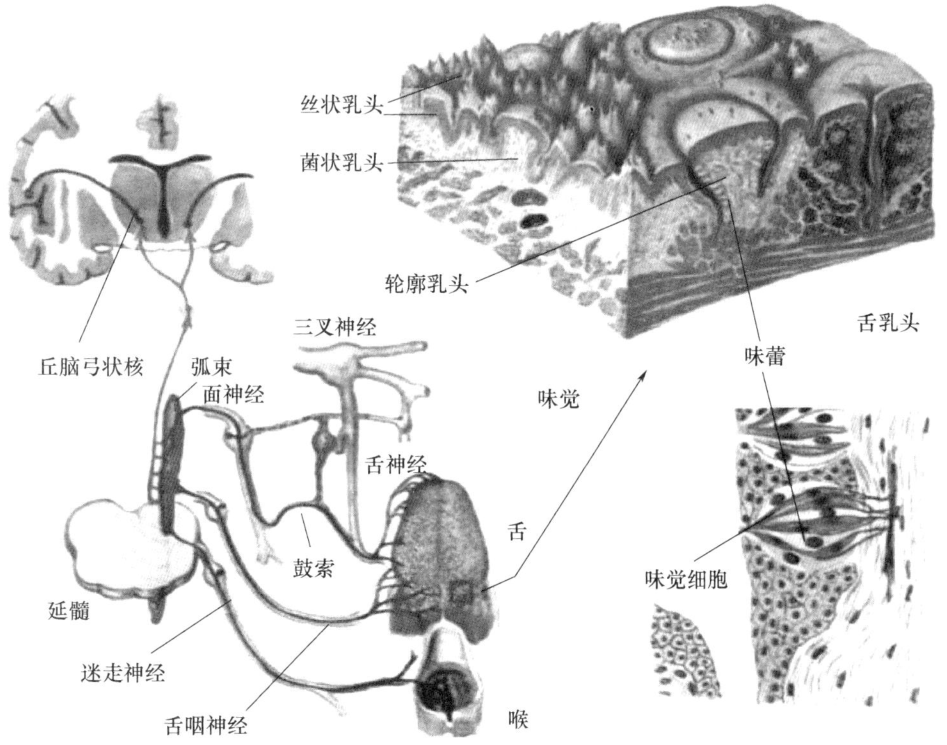

图 2-5　味觉感受器

5. 肤觉

皮肤是个多功能器官，除了能保护人体免受表面的损伤，保持液体和帮助调整体温外，它还包含了产生压力、温暖和寒冷感觉的神经末梢，这些感觉被称为肤觉。皮肤可以接受很多的感觉信息，在身体的表层分布着众多类型的感受器细胞。每一种感受器对与皮肤接触的不同类型的刺激产生反应。例如，当摩擦皮肤时，迈斯纳小体对此反应最为敏感，当一个小物体持续按压皮肤时，梅克尔触盘反应最剧烈（图 2-6）。

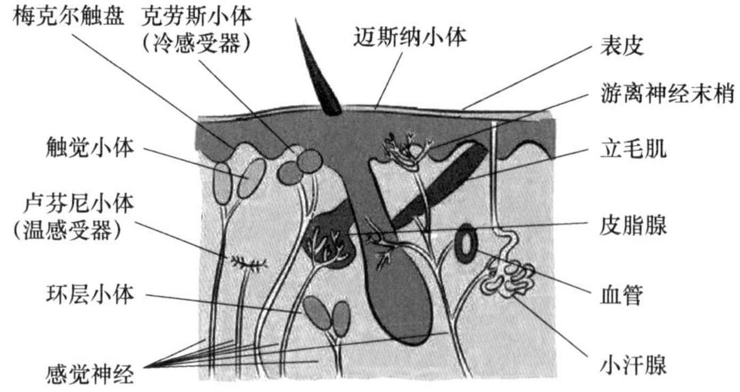

图 2-6 肤觉感受器

肤觉在人类关系中扮演的一个重要角色是触摸。通过触摸，可以与他人进行交流，这个人是人们渴望给予或接受安慰、支持、爱和热情的人。实验表明，经常触摸所关心的人，并且鼓励他人抚摸自己，这不仅感觉很好，而且对自己和他人的健康有好处。

6. 前庭觉和运动觉

为了能够让动作随意而优雅，人们时时刻刻都需要知道自己的四肢以及身体的其他部分的相对位置，以及与环境中物体的相对位置。如果没有这些信息，即便是最简单的动作都会变得不协调（如果一个人在走路的时候有一条腿麻了，那么你就很可能会体验到这种情况）。用来跟踪体位、运动和平衡的生理机制实际上是由两个不同的系统组成的，即前庭觉和运动觉。

前庭觉是为人们指示重力朝向什么方向的感觉。它会告诉人们身体的姿态是直立的、倾斜的还是倒转的。前庭觉还会告诉人们身体是否在运动，或运动状态发生了什么变化。这种感觉的损伤会导致极度眩晕和无法辨别方向。另一种体位和运动感觉便是运动觉，这种感觉会跟踪身体各部位的相对位置。比如，人们的运动觉会意识到你的双腿交叉着，它也会告诉人们，在电话铃声响起的时候，哪只手离电话更近。

在所有的感觉之中，人们对视觉和听觉的研究是最多的，但是生存和幸福还要依靠其他的感觉。一起来总结下人类感觉的基本特征（表 2-2）。

表 2-2 人类感觉的基本特征

感觉	刺激	感觉器官	感受器	具体感觉
视觉	光波	眼	视网膜上的视杆细胞和视锥细胞	色彩、亮度、形状、运动、材质
听觉	声波	耳	基底膜上的毛细胞	响度、音调、音色
肤觉	外部接触	皮肤	皮肤中的神经末梢	触觉、温觉、冷觉
嗅觉	挥发性物质	鼻	嗅觉上皮的毛细胞	气味
味觉	可溶性物质	舌	舌上的味蕾	味道

续表

感觉	刺激	感觉器官	感受器	具体感觉
疼痛觉	强烈或极端刺激	周身疼痛纤维网	专门的疼痛感受器，过于兴奋或不正常的神经元	剧烈疼痛、持续性疼痛
运动觉	身体位置、运动和平衡	关节、骨骼、肌腱	半规管里的毛细胞，与骨骼肌、关节和肌腱相连的神经元	身体各部分的空间位置

（三）常见的感觉现象

1. 感觉适应

在外界刺激持续作用下感受性发生变化的现象叫感觉适应。比如，从亮的环境到暗的环境，开始看不到东西，后来逐渐看到了东西，这叫对暗适应；从暗的环境到亮的环境，开始觉得光线刺得眼睛睁不开，很快就习惯了，这是明适应；“入芝兰之家，久而不闻其香；入鲍鱼之肆，久而不闻其臭”，这是嗅觉的适应；手放在温水里，开始觉得热，慢慢就不觉热了，这是温度觉的适应。

2. 感觉对比

对比是感觉的相互作用、相互影响而使感受性发生变化的现象。几个刺激同时作用于同一感受器官而发生的对比现象叫同时对比。视觉的同时对比较为明显，如明暗相邻的边界上，看起来亮处更亮，暗处更暗了。刺激先后作用于同一感受器官而发生的对比现象叫继时对比，如吃了苦的东西以后，再吃糖觉得糖更甜了。

3. 联觉

联觉是一种感觉引起另一种感觉的现象。联觉是感觉相互作用的另一种表现，类似文学上的通感。比如，对音乐有一定造诣的人，听到动听的乐曲会产生相应的视觉画面，这就是视听联觉。联觉的形式很多，最突出的是颜色联觉。比如，红色给人以希望、热烈的感觉，绿色给人以生机、宁静的感觉，蓝色给人以广阔、深沉的感觉，黑色给人以恐怖、肃穆的感觉，白色给人以纯洁、安详的感觉等。

4. 感觉后像

外界刺激停止作用后，暂时保留的感觉印象叫做感觉后像。如电灯灭了，眼睛里还会看到亮着的灯泡的形状，这就是视觉的后像；声音停止以后，耳朵里还有余音在萦绕，这是听觉的后像。

5. 感觉补偿

感觉补偿是指由于某种感觉缺失或机能不足，会促进其他感觉的感受性提高，以取得弥补与代偿作用。比如，盲人的听觉、触觉、嗅觉特别发达，以此来补偿丧失了的视觉功能。当然，这种补偿作用是经过长期不懈的练习获得的。

【实际演练】

请分辨下列现象所属的感觉现象。

1. 甜蜜的声音，冰冷的脸色。

2. 有些人帽子戴在他的头上，他却四处找帽子。

3. 两只手分别放在热水和冰水里，然后同时放进温水里，原来放在冰水里的手会觉得热，原来放在热水里的手会觉得冷。

4. 用冷水洗澡时，开始觉得很冷，慢慢的就不觉得冷了。

5. 微风过去，送来缕缕清香，仿佛远处高楼上的歌声似的。

6. 注视一朵绿花，转而把视线转向一扇白墙，你会看到一朵红色的花。

二、知觉

心理学研究表明，知觉过程是解释各种行为的一把钥匙。知觉对旅客的选择、注意、需要等都有着重要的影响。

（一）知觉的概念

知觉是人脑对直接作用于感觉器官的客观事物的各个部分和属性的整体反映。比如，旅客走进候车大厅，看到整洁卫生的候车环境，新进规范的安检设施，丰富多彩的商品，等等，通过这些感觉认识到眼前的就是候车大厅，在旅客的头脑中产生整体形象，这就是知觉。

（二）知觉的类型

根据在知觉中起主导作用的分析器的特征，可以把知觉分为视知觉、听知觉、嗅知觉、味知觉、动知觉、触知觉。

根据知觉所反映的事物特性，可以分为空间知觉、时间知觉和运动知觉。

1. 空间知觉

空间知觉是人脑对物体空间特征的反映，包括形状知觉、大小知觉、方位知觉和距离知觉。它是以感觉为基础，对自身所在的空间与自身周围空间中各事物之间关系综合了解的心理历程。

（1）形状知觉。

形状知觉是靠视觉、触摸觉和动觉来实现的。物体在视网膜上投影的形状，眼睛观察物体时沿着对象轮廓进行运动的动觉刺激，都是物体形状的信号。在用手摸索感知物体形状时，触摸觉和动觉也起着重要的作用。所有这些连续性的刺激，给大脑提供了物体形状的信息，经过大脑的分析和综合，便产生了形状知觉（图 2-7）。

图 2-7　形状知觉概述图

（2）大小知觉。

大小知觉也是靠视觉、触摸觉和动觉来实现的。在同等距离时，大的物体在视网膜上的成像大，小的物体在视网膜上的成像小，因此根据视网膜上物象的大小就可以知觉对象的大小。

（3）方位知觉。

方位知觉是靠视觉、触觉、动觉、平衡觉等来实现的，用眼睛观察客观的事物，用耳朵辨别声音的方向，用触觉、动觉去感知自己身体与客体之间的空间关系，甚至用嗅觉来辅助确定方位。方位知觉是对人或物体的空间位置与方向的知觉。比如，人以太阳升、落的位置和地理磁场为参考来确定南北，以天地为参考来决定上下，以人的身体为依据来确定左右和前后等。离开了客观标志，人是无法辨认方位的。

（4）距离知觉。

距离知觉是物体离我们远近的知觉。人是根据对象重叠、线条透视、空气透视、相对高度、运动视差、纹理梯度这些条件来估计物体的远近的，这些条件既有外部的因素（如空气、光线、色彩等），也有内部因素（如人眼的调节）。

2. 时间知觉

时间知觉是人对客观现象延续性和顺序性的反映。时间知觉有以下四种形式。

（1）对时间的分辨。

比如，先起床，再吃早餐，接着去上班，能够按时间顺序把这些活动区别开来，就是对时间的分辨。

（2）对时间的确认。

比如，知道今年是 2020 年，去年是 2019 年等。

（3）对持续时间的估量。

比如，已经上班 1 个小时了，新冠疫情已经持续 6 个月了等。

（4）对时间的预测。

比如，大约再有 10 分钟我等的人就到了。

3. 运动知觉

运动知觉是人脑对物体空间位移的知觉。物体的运动总是在一定的时间和一定的空间中进行的。因此，运动知觉跟空间知觉、时间知觉有着不可分割的联系。通过运动知觉，人们可以分辨物体的静止和运动及其运动速度的快慢。

无论是对人类还是对动物而言，在生活适应上，运动知觉都是极其重要的。比如，在众多车辆疾驶的公路上，如驾驶人员缺乏运动知觉，就无法与周围移动中的车辆保持适度的间隔。再如，在众多球员奔腾的球场上，如球员缺乏运动知觉，不但无法适时与队友快速传球，而且无法随对方球员的移动阵式中找到自己的位置。

（三）知觉的基本特性

1. 知觉的整体性

知觉的整体性也称知觉的组织性，指知觉能够根据个体的知识经验将直接作用于感官的客观事物的多种属性整合为同一整体，以便全面地、整体地把握该事物（图 2-8）。知觉之所以具有整体性特点，是因为对人发生作用的事物是由各个部分或各种属性构成的一个完整的整体。知觉的整体性可以归纳为以下定律：

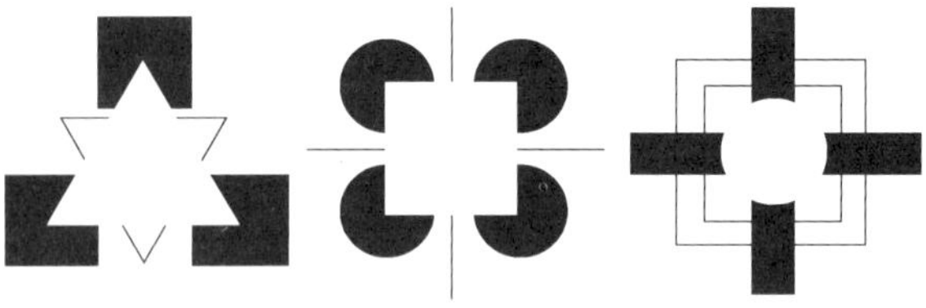

图 2-8 知觉的整体性

（1）接近律，指空间位置接近或发生时间相近的客体容易被知觉为一个整体。比如人们习惯上认为泰国、马来西亚、新加坡离得很近，常常把它们划为一个地区来考虑，就是接近律的一个体现。

（2）相似律，指人们在感知各种刺激物时，容易将具有相似自然属性的事物组合在一起。比如，在运输服务中，人们容易将中国人、日本人、韩国人混为一谈，容易将美国人、加拿大人、英国人混在一起，就是因为他们的长相、举止很相似的缘故。

（3）连续律，指几个对象在空间和时间上如果有连续性，容易被感知为一个整体。比如，世界各国轨道交通运输公司、公司的职工、工作人员都有统一的制服，这样人们一看到服装及不同的标志，很容易将他们知觉为一个整体，他们代表了公司的形象，成为轨道交通运输公司的象征。

2. 知觉的选择性

人们在知觉客观世界时，总是有选择地把少数事物当做知觉对象，而把其他事物当成背景，这种有选择地将知觉对象从背景中区分出来的特性，就叫知觉的选择性（图 2-9）。知觉的选择性保证了人们能够把注意力集中到重要的刺激或刺激的重要方面，排除次要刺激干扰，更有效地感知和适应外界环境。

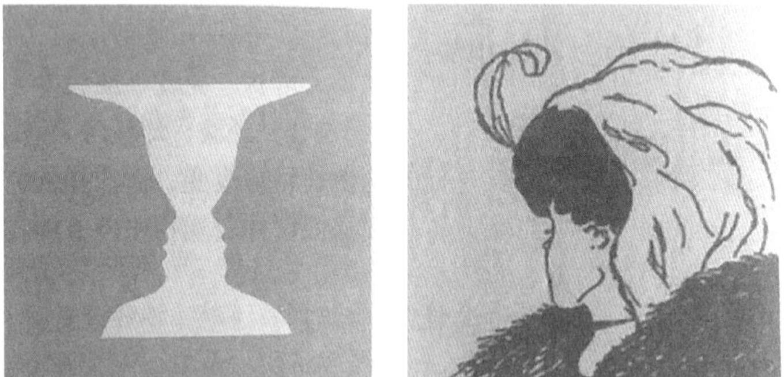

图 2-9 知觉的选择性

知觉的对象的选择与很多因素相关，它受知觉对象的特点的影响，如强度大、色彩鲜明、具有活动性等；也受知觉者本人主观因素的影响，如兴趣、态度、知识经验、观察力等。

知觉的选择性是一种感知防御形式，通过主观的知觉选择，可以排除那些非本质的、无关的，或从个人角度、文化角度出发难以接受的事物。如乘坐高体出行的人，通常不注意保险机构，因为他们不愿意把自己的旅行知觉为危险的过程。

3. 知觉的理解性

人们在知觉事物时，往往根据自己的经验，对感知的事物进行加工和处理，赋予它明确的含义，并用词语加以概括，从而把它标志出来，这一特性称为知觉的理解性（图 2-10）。

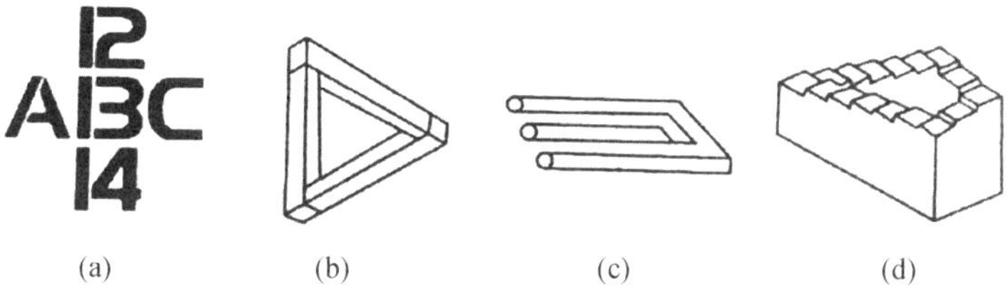

图 2-10　知觉的理解性

在图 2-10（a）中，若横向看是会认为中间是“B”，纵向看会认为中间是“13”。当知觉对象是人们熟悉的事物时，对对象的理解往往采取压缩的形式，知觉者会直接给对象命名，把它纳入一定的范畴之内，例如，图 2-10（b）（c）（d）中，人们会认为“这是一个三角形”“这是一个叉子”“这是一个环形台阶”等，但当人们仔细看图，就会得出“不可能是图形”的判定。

理解性使人的知觉过程更加迅速，节约感知的时间和工作量，同时使知觉印象准确完整。但知觉的理解性也受个人知识经验、言语指导、时间活动等因素的影响，有时会使我们形成偏见。比如，一名旅客对工作人员服务不满意，他就会容易认为这家轨道交通运输公司的服务不到位，服务质量不高，从而对这家公司形成不好的印象。

4. 知觉的恒常性

当客观事物在一定范围内的物理特性发生变化的时候，人们的知觉印象仍保持相对不变的特性，称为知觉的恒常性（图 2-11）。

图 2-11　知觉的恒常性

视知觉的恒常性包括大小恒常性、形状恒常性、明度恒常性、颜色恒常性。从不同的角度看一扇门，视网膜上的投影形状并不相同，但人们仍然把它知觉为同一扇门。

一个人看着某一物体，同时向后退步走，物体在视网膜上的成像是越来越小的，但是人们并不会认为这个物体在慢慢变小，这就是大小恒常性。煤块在日光下反射的光亮是白墙在月色下反射的光量的 5 万倍，但看上去人们仍然认为煤是黑的，墙是白的，这是明度恒常性。家具在不同颜色灯光的照射下颜色发生了变化，但人对它颜色的知觉保持不变，这就是颜色恒常性。

三、感知觉之间的关系

知觉虽然达到了对事物整体的认识，相较于只能认识事物个别属性的感觉更显高级，但是知觉来源于感觉，而且二者反映的都是事物的外部现象，都属于对事物的感性认识，所以感觉和知觉有不可分割的联系。

1. 知觉和感觉的区别

感觉反映的是事物的个别属性，而知觉则是事物的整体，即事物的各种不同属性、各个部分及其相互关系。感觉仅依赖个别感觉器官的活动，知觉则要比感觉复杂，其要依靠多种器官的综合活动。

知觉是各种感觉的结合，知觉来源于感觉，但又不同于感觉。感觉只反映事物的个别属性，知觉则认识了事物的整体；感觉是单一感觉器官的活动的结果，知觉却是各种感觉协作活动的结果；感觉不依赖于个人的知识和经验，知觉却受个人知识经验的影响。同一事物，不同的人对它的感觉是相同的，但对它的知觉就会有所差别，知识经验越丰富，对物体的知觉越完善、越全面。

2. 知觉和感觉的联系

知觉和感觉都是对直接作用于感觉器官的事物做出反映，如果事物不再直接作用于人们的感觉器官，那么对该事物的感觉和知觉也就停止了。知觉和感觉都是人类认识世界的初级形式，反映的是事物的外部特征和外部联系。如果想了解事物的本质特征，单凭感觉和知觉是不够的，还需要更复杂的心理活动。知觉是在感觉的基础上产生的，人们感觉到的事物的个别属性越多、越丰富，对事物的知觉就会越准确、越完整，但是知觉不是感觉的简单叠加，知觉过程中人们还需要借助已有的经验获得当前事物的感觉信息，并做出识别。

总之，知觉的产生是以头脑中的感觉信息为前提，并且和感觉同时进行的，知觉属于高于感觉的感性认识阶段。

四、错觉

错觉是对事物一种不正确的、歪曲的知觉。错觉不同于幻想，错觉是在客观事物刺激作用下产生的一种对刺激主观歪曲的反映。在知觉中，不论是对人还是对物都可能发生不正确的反映，从而产生错觉（图 2-12）。

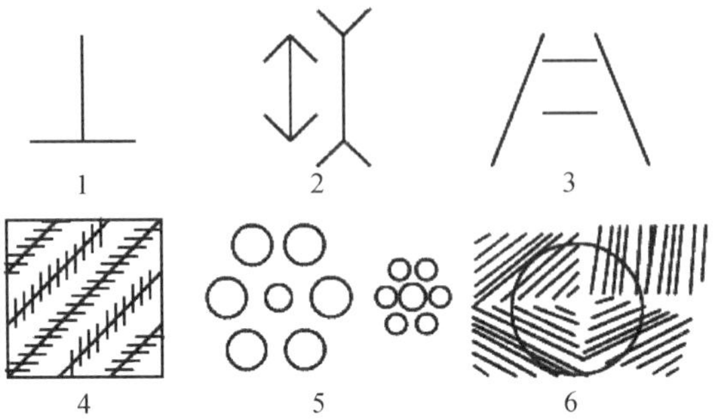

图 2-12　错觉

错觉的种类非常多，常见的有大小错觉、视错觉、听错觉、形重错觉、时间错觉、运动错觉，等等。当掂量相同重量的棉花和铁块时，人们往往感觉到铁重、棉花轻，这是形重错觉；当在飞驰的列车上看窗外的景色时，人们会感觉到路旁的树在一排排向后倒去，这是运动错觉。在众多的错觉中，视错觉最为普遍。

造成错觉的原因是极其复杂的，有生理因素，也有心理因素。

有些错觉是暂时的，一旦真相大白，错觉就会消失。但是在特定条件下产生的错觉，往往带有固定的倾向，只要条件具备，错觉就会产生。

错觉在实际活动中具有消极和积极两方面的作用：起消极作用的错觉往往混淆人的视听，影响人的正确判断；起积极作用的错觉已经被人们在生活中广泛运用，例如军事上的伪装，以及魔术、化妆等行业。

【实际演练】

说说下面的材料分别反映了知觉的什么特征。

1. 黑夜里如果前方有一盏路灯，会让人觉得非常明亮，也非常容易被发现。但是如果在中午，即使路灯亮着，也很少有人发现。

2. 幼儿的眼睛可以同时看见许多景色和人物，但是往往只对一部分人或事物感兴趣，如在一群人中发现自己的爸爸；幼儿的耳朵可以同时听到很多种声音，但偏偏能很快在各种声音中辨别出自己妈妈的声音。

3. 一位老太太领着孙子去买拖鞋，结果买了一双大拖鞋回来，孩子穿着不合适，挂不住脚，老太太却兴奋地说："大拖鞋和小拖鞋价格一样，当然买大的划算。"

4. 中华人民共和国成立前，内蒙古赤峰地区有一个放羊娃。因为他给地主家放羊，走失一只就会受到重罚，所以他就特别留意羊走路留下的蹄印。慢慢地，如果有哪只羊走失了，他就能根据蹄印找到它们。再后来，他开始观察人们的脚印，可以从一个脚印出发，一直跟到此人家门口。由于常年留心于此，最后他能做到看见一个脚印，就能想象出此人的身材和步伐特点。

5. 有时候人并不需要完全获得某一事物的全部资料就可以觉知出该事物，如有的人只需要闻到菜肴的香味，就可以知道是什么菜。

工作任务一

制作 PPT，阐述感觉。

工作任务二

制作 PPT，阐述知觉与错觉。

☞任务评价

探索感知觉：

项目任务	掌握感知觉的特征				
班级		姓名		评价时间	
【考核内容】					
考核项目	考核标准			分值	得分
感觉	感觉的概念、分类及常见的感觉现象			15	

续表

考核项目	考核标准	分值	得分
知觉与错觉	错觉的分类与运用	10	
	知觉的概念、分类与特征	25	
制作内容	制作能清晰展示 PPT 的演讲稿	15	
	要求类型分析准确，文字流畅	15	
	做到内容熟练、图文并茂	20	
指导教师意见：			
说明：1. 建议采用四级评分制（如 90％～100％，80％～90％，60～80％，<60％）。 2. 主要采用小组互评的方式进行评价，教师最后进行参考评分。			

任务二　轨道交通运输服务对旅客感知觉的影响

☞**任务导入**

人们的感知觉不是凭空产生的，也不是感觉器官和头脑里所固有的，人们周围的世界是一个丰富多彩的世界，感知觉是认识世界最简单的方式，一些较高级的、较复杂的心理现象，都是在感知觉的基础上产生的。因此，了解旅客对轨道交通运输服务感知觉的内容，有利于更好地处理旅客运输服务中遇到的各种问题，也能够避免在服务中出现习惯性的、易忽视的不良行为方式，对于提高客运服务人员的整体水平有着重要意义。

☞**知识准备**

一、旅客感知觉的内容

（一）轨道交通运输服务的物质环境

旅客对服务环境的知觉，主要包括服务场所、服务设施设备和交通工具等。

1. 轨道交通服务场所

服务场所主要涉及售票处、候车大厅、检票处、安检处、站台、车厢等。旅客一般会从布局、设计、空间、色彩、光线、通风等方面感知服务场所。

2. 服务设施设备

服务设施设备主要包括售票处的销售设施设备、客运站设施设备、车厢设施设备等。服务设施设备的功能和作用是为旅客的交通运输、游览观光、娱乐休闲和商务活动等提供物质基础。服务设施设备必须安全、方便、舒适。

3. 交通工具

各种型号的铁路机车安全性差别并不大，因此，对于旅客来说，他们对于铁路机车的认知主要在于列车行驶速度、车厢环境、座椅（或床铺）的舒适度、中途停站次数、配餐的可口等。总体来说，旅客对铁路机车的认知主要建立在安全、时间和舒适的基础上。

旅客运输企业应创设良好的物质环境，以使旅客产生美好的感觉和愉快的消费情绪。例如，宽敞明亮的候车大厅和整洁舒适的车厢环境都给人以美好、信任、舒适的感觉（图 2-13）。

图 2-13　良好的服务环境

（二）服务人员

在服务过程中，旅客对服务人员的感知觉是普遍存在的，主要通过服务人员的仪容仪表、言谈举止、职业角色等方面进行感知觉。

1. 仪容仪表

仪容仪表通常是指人的外观外貌和服务风度，是一个人的精神面貌和内在涵养的外在表现，可反映出一个人的精神状态和个人素养，是人们交往中的第一形象。整洁大方的仪容、端庄得体的仪表能给人以专业、可靠、舒服等感觉，而良好的第一印象往往是至关重要的。

轨道交通运输公司对客运服务人员的仪表仪容有严格的规定，具体来说主要有以下三方面。

（1）头发的修饰与卫生。

客运专业服务人员选择的发型，应与自己的年龄、脸型、身高、性别相称。在工作期间，女职工不披长发（长发可以使用颜色稍深、大方美观的发夹扎起来），头发不遮脸，刘海不遮眉，不染彩发，不戴花哨的头饰；男职工的头发应前不垂额、遮眉，后不触领，不留鬓角，不留长发或扎小辫，不留过于新潮、怪异的发型，也不能染彩发或剃光头。

客运服务人员应注意头发的清洁。平时要勤洗头，一般两天洗一次，避免头发有异味、头屑或过于油；每天要适时梳理，避免头发凌乱。发质不好的职工要注意加强营养和护理，保持头发的健康和柔顺。

（2）面部的修饰与卫生。

客运专业服务人员应保持面部皮肤健康，正确保养面部皮肤；注意清洁，每天早、中、晚洗脸，去除面部的油脂、灰尘，使自己容光焕发、清新自然。

客运女职工在工作时应施淡妆，不得浓妆艳抹，以表现自己美的一面，并保持良好的精神状态。男职工应将胡须剃净，常修剪鼻毛，保持面容整洁。

（3）口腔、手部、身体卫生。

客运专业服务人员应注意口腔卫生，每天早晚刷牙、餐后漱口，消除口腔内的食物残渣，保持口气清新。上班前忌饮酒，忌吃大葱、大蒜等气味浓烈的食物，注意消除口臭，必要时可嚼口香糖或含茶叶以消除异味。

手的清洁能反映一个人的卫生习惯。平时应勤洗手，保持双手清洁。要经常修剪指甲，不留长指甲上班，不涂带色指甲油。

为保持身体卫生、应勤洗澡，勤换衣服，上班前避免剧烈运动。天气炎热时，应提前到岗，防止匆匆上岗带给旅客一身汗味，工作时最好不要使用香水，尤其要避免使用气味浓烈的香水。

客运专业服务人员上岗前，应细心在镜子前全面检查一次仪表仪容。在服务过程中，要注意修饰妆容时避开他人，不可当着旅客的面梳头、化妆、修剪胡须等。这不仅是尊重旅客的需要，也体现了敬岗爱业的精神（图 2-14）。

图 2-14　仪容仪表

2. 言谈举止

（1）语言。

语言是思维的工具，其内容可以反映一个人的心理和行为趋向，语音、语调、语速的变化也能充分反映个人的心理活动。比如，语音轻快，表明心情愉快；语音、语调高亢嘹亮，表明情绪激昂；语速过于急促或迟缓，表明心里紧张。

服务人员清晰、得体、纯正悦耳的语言会使旅客有柔和、愉快、亲切之感，并据此判断为“服务态度上乘”；反之，服务语言不中听、生硬、唐突、刺耳，旅客会感到很难受，结论自然是“服务态度恶劣”。因此，客运服务人员要注意礼貌用语，合理称呼客人，友好得体地回答问题，保证语言的精练、生动、优美。

（2）举止。

举止包括表情、体态与气度，是人的态度、情绪、动机等心理活动的外在表现形式。行为举止也是形成一个人认知印象的重要途径。比如，目瞪口呆反映一个人的惊恐心理；眉飞色舞反映一个人的欢乐心理；愁眉苦脸反映一个人情绪沮丧。因此，观察举止也是旅客认知服务人员的重要途径。

在服务过程中，若旅客发现某服务人员的服务行为拖泥带水、丢三落四，会认定该服务人员是一个工作不认真的人；相反，如果旅客发现服务人员操作干净利落、娴熟细腻，则会认为该服务人员是一个工作负责的人。因此，客运服务人员的站、坐、走姿要符合职业标准，并注意保持愉快的表情、真诚的微笑（图 2-15）。

图 2-15　言谈举止

3. 客运服务文化

（1）理念文化。

理念文化属于思想文化的意识层面，是服务文化建设的基础，也是服务文化的核心和动力。如今中国铁路运输已经进入了一个飞速发展期，并展现出高铁时代服务新理念。例如，实现“实现快捷便利、平稳舒适”的高速度；体现“安全可控、设备精良”的高可靠；追求“服务优质，文明和谐”的高品质。要塑造出企业服务形象，并被旅客所感知（图 2-16）。

图 2-16　理念文化

（2）物质文化。

物质文化是理念文化的外在表现，包括企业的服务形象及硬件设施设备、服务品牌等，这是服务文化的基础内容。服务形象包括员工形象和企业标识；硬件设施包括服务机构的设置，服务设施的完善，服务环境的优化等（图 2-17）。

图 2-17　乌鲁木齐铁路局物质文化

（3）制度文化。

制度文化包括服务机制、服务手段、服务特色等，这是服务文化建设的重要保障。企业将优秀的服务文化用制度的方式规定下来，形成科学的管理体系和服务机制，将抽象的服务理念和要求变为具体的服务指标，渗透到企业的服务活动中，并形成自身的服务特色，鲜明深刻地印在旅客的脑海中。比如，广铁集团始终坚持科技兴企业，紧跟世界一流铁路科技发展趋势，全面提高自主创新能力，广深线开行时速为 200 千米每小时，首开“客货分线”运输组织模式先河，是我国第一条具有国际水平的公交化城际铁路。

二、影响旅客感知觉的因素

影响旅客认知的因素可以从客观和主观两方面进行分析。

（一）影响旅客认知的客观因素

客观因素是指旅客心理以外的因素，主要包括旅客的生理条件、认知对象的特征、认知对象的背景、他人的提示等。

1. 旅客的生理条件

旅客认知的产生依赖于旅客各种感觉器官去接收各种信息。因此，旅客的生理条件不同，产生的认知也不同。比如，盲人旅客不能对车站的照明、座椅的颜色、服务人员的微笑等产生认知；失聪者难以对广播的信息、广播员的语气等产生认知。

2. 认知对象的特征

认知对象的大小、强度、新颖性、对比性、重复性等特征都会影响认知效果，如特别的景观、鲜艳的颜色、醒目的标识、响亮的声音等均容易被人们清晰地认知。例如，列车上的安全标志往往以醒目的方式呈现，就是为了让旅客容易产生认知；车厢内柔和的光线则是为了尽量避免对旅客产生强烈的干扰性刺激。

3. 认知对象的背景

认知对象的背景是指对认知对象起衬托作用的客观环境。背景与认知对象在强度、颜色和形状等方面反差越大，主体对象的直觉就越清晰。例如，列车上有重要的事情广播时，一般会把背景音乐的音量调小或直接关掉，以使旅客产生清晰的认知。

4. 他人的提示

他人的提示有助于提高旅客的认知，能使旅客迅速了解、理解服务，从而加深对服务的印象，有助于活动的开展。例如，广播员对车厢设备的讲解往往使旅客对设备的认知更加清晰、明了。

（二）影响旅客感知的主观因素

1. 需要与动机

能够满足旅客需要、符合旅客动机的事物往往容易引起旅客的有意注意，成为认知对象。反之，与旅客需要和动机无关的事物则容易被旅客忽略。

2. 知识与经验

人的知识与经验直接影响认知的内容、精确度和速度。一般来说，人的知识和经验越丰富，对事物的认知就越迅速、越全面、越深刻。

3. 兴趣与爱好

人们常常把注意集中在自己感兴趣或爱好的事物上，而其他事物则作为背景被排除在外。比如，对建筑艺术感兴趣的旅客就容易对车站的建筑特征、装修风格等加以注意；旅游爱好者会对一些旅游信息、人文特色感兴趣等。

4. 个性与情绪

人的气质、性格特征、情绪等都会对人们的认知产生影响。比如，性格开朗的人对于列车的些许晚点并不那么在意；情绪低落的人更容易对服务表示不满。此外，旅客的收入、年龄、性别、职业、家庭、国籍、民族、种族、态度和信仰等也是影响他们对服务认知的重要因素。

【案例厅】

太阳忍不住露出地平线，一缕柔和的阳光照进车厢，紧张而忙碌的一天又开始了。高铁的车厢是密闭的空间，因此，为旅客打造一个舒适的乘车环境是非常重要的。

首先我们来到餐车，看到了白色的纱窗上点缀着星月图案，餐桌选用了织花淡黄色的台布，青花瓷的餐具，乳白色吸顶灯的柔和光线与餐车音响里流出的优雅乐曲混为一体，营造出温馨、浪漫的餐饮环境。

接着我们步入车厢，闻到一股淡淡的茉莉花香味。车厢的墙板的主色调是流行的高级灰，列车装饰以深蓝色为主，车厢端门铺上了高档塑胶脚垫，拐角处铺了异形地毯，踩上去非常舒适，还能减少带入车厢的尘土，给人一种清爽宁静的感觉。

乘务员戴着红色贝雷帽，身着制服，面带微笑，给人一种如沐春风的感觉。旅客陆续上车了，传来了乘务员们亲切的问候声……列车开始缓缓移动，只听到有个小朋友问到：“妈妈，怎么车窗外面的房子也会移动?”

问题 2-2：案例中旅客的感知觉包含了哪些内容?

问题 2-3：案例反映了感知觉的哪些特点或规律?

三、旅客感知的偏差

旅客的认知受许多种因素的影响，很容易对服务产生认知偏差，这些认知偏差具有普遍的规律性，往往难以避免，常见的有以下三种形式。

（一）首因效应

首因效应由美国心理学家洛钦斯首先提出的，也叫首次效应、优先效应或第一印象效应，指交往双方形成的第一次印象对今后交往关系的影响，也即“先入为主”带来的效果。虽然这些第一印象并非总是正确的，但却是最鲜明、最牢固的，并且决定着以后双方交往的进程。

有人做过这样的研究：分别向两组大学生介绍一个陌生人，对甲组，先说这个人性格开朗，后又介绍他性格内向；对乙组，则先说这个人性格内向，然后又介绍他性格开朗。结果，甲组学生因为“第一印象”是“性格开朗”，所以，普遍认为这个陌生人性格开朗；而乙组学生因为“第一印象”是“性格内向”，所以，普遍认为这个陌生人性格内向。

这种情况也广泛地存在于客运服务之中。在客运服务过程中，由于服务人员与旅客的交往多数是一次性交往，所以服务中的首因效应更为突出和普遍。客运服务人员要了解和掌握知觉中的首因效应，努力展示自己工作状态中最佳的言行，给旅客留下良好的第一印象，这也代表着整个铁路运输行业的形象。

（二）晕轮效应

晕轮效应又称成见效应、光圈效应等，指人们在交往认知中，对方的某个特别突出的特点、品质会掩盖人们对对方的其他品质和特点的正确了解。这种错觉现象，心理学中称为“晕轮效应”。它具有遮掩性、表面性和弥散性三大特征。

苏联学者博达列夫在一次实验中，曾向两组大学生分别出示了同一个人的照片。在出示照片前，实验者向第一组被试者说，照片上的人是一个恶贯满盈的罪犯，而向第二组被试者说此人是一个大科学家，然后让两组被试者对照片上的人进行描述。第一组的评价是，深陷的眼窝，证明了他内心的仇恨；突出的下巴，意味着他沿着罪恶道路走到底的决心。第二组的评价则是，深陷的双眼，表示了他的思想深度；突出的下巴，体现了他在认识道路上克服困难的意志力。

由于晕轮效应，一个人的优点（缺点）一旦变为光圈被夸大，其缺点（优点）也就引退到光的背后被遮掩了。比如，旅客对某家铁路运输公司的车上服务特别满意，形成了良好的印象，那么，其他某些不足的或令人不愉快的方面，如列车晚点、服务设施陈旧、车上配餐不合口味等就容易被旅客忽视。同时，要重视晕轮效应的消极作用，不能因小失大，损害铁路运输企业的整体形象。

（三）刻板印象

刻板印象，又称刻板效应，它是指对某个群体产生一种固定的看法和评价，并对属于该群体的个人也给予这一看法和评价。刻板印象虽然可以在一定范围内进行判断，不用探索信息，迅速洞悉概况，节省时间与精力，但是往往可能会形成偏见，忽略个体差异性，人们往往把某个具体的人或事看作某类人或事的典型代表，把对某类人或事的评价视为对某个人或事的评价，因而影响判断，若不及时纠正，进一步发展或可扭曲为歧视。

旅客对服务的感知体现在方方面面，而且受到很多因素的影响。作为客运服务人员，要做好物质、服务和文化准备，使旅客产生良好的第一印象，从而在首因效应和晕轮效应的积极作用下，提高旅客对客运服务的满意度，同时还要避免刻板印象的消极作用。

【实际演练】

说说下面的材料分别反映了哪些感知偏差。

1.《三国演义》中，与诸葛亮齐名的庞统去拜见孙权，“权见其人浓眉掀鼻，黑面短髯，形容古怪，心中不喜”；庞统又见刘备，“玄德见统貌陋，心中不悦”。

2. 俄国著名的大文豪普希金狂热地爱上了被称为“莫斯科第一美人”的娜塔丽娅，并且和她结了婚。娜塔丽娅容貌惊人，但与普希金志不同道不合。当普希金每次把写好的诗读给她听时，她总是捂着耳朵说：“不要听！不要听！”相反，她总是要普希金陪她游乐，出席一些豪华的晚会、舞会。普希金为此丢下创作，弄得债台高筑，最后还为她决斗而死。一颗文学巨星过早地陨落。

四、客运服务人员感知觉能力的培养

客运服务人员面对旅客，在为旅客提供服务的过程中，感觉和知觉是最基本的能力，当人们感受到了需要，并能正确地认知到了旅客的需要，才能采取正确的行动。对感觉和知觉的培养和训练，可以从以下三方面着手。

（一）多观察，增加感受经验

在日常工作中，有意识地观察旅客的行为表现，分析其行为表现所代表的意义，反复认证所判断的结果，进行规律总结，以提高感觉和知觉能力。

（二）多学习，增进情景触动

对事物的感觉和知觉，常常与自身的知识相结合，知识面的宽度和深度在一定程度上影响感觉和知觉的内容、速度。多学习知识，有助于增强感觉和知觉的范围。

（三）多练习，增强反射能力

一些事物就在眼前，而人们常常视而不见，其原因是人们意识中就没有对这个事物的概念。如果经常性地训练自己对某一事物的认知，当它出现时，就会产生条件反射。这就是训练的结果。

工作任务一

制作 PPT，阐述旅客感知觉的内容及影响因素。

工作任务二

制作 PPT，阐述旅客感知觉的偏差。

工作任务三

制作 PPT，阐述客运服务人员感觉能力的培养。

☞任务评价

轨道交通运输服务对旅客感知觉的影响：

项目任务	掌握旅客感知觉的内容及影响因素				
班级		姓名		评价时间	
【考核内容】					
考核项目	考核标准			分值	得分
感知觉偏差	旅客感知觉偏差及客运服务人员感知觉能力的培养			15	
感知觉内容及影响因素	旅客感知觉的内容			10	
	感知觉的影响因素			25	
制作内容	制作能清晰展示 PPT 的演讲稿			15	
	要求类型分析准确，文字流畅			15	
	做到内容熟练、图文并茂			20	
指导教师意见：					
说明：1. 建议采用四级评分制（如 90%～100%，80%～90%，60～80%，<60%）。 2. 主要采用小组互评的方式进行评价，教师最后进行参考评分。					

☞**思考与练习**

一、不定项选择题

1. 晕轮效应具有的特征是（　　）。

A. 稳定性　　B. 遮掩性　　C. 表面性　　D. 弥散性

2. 常见的感觉现象有（　　）。

A. 感觉适应　　B. 感觉对比

C. 联觉　　D. 感觉后像

3. 人们在知觉客观世界时，总是有选择地把少数事物当做知觉对象，而把其他事物当成背景，这种有选择地将知觉对象从背景中区分出来的特性，就叫知觉的（　　）。

A. 整体性　　B. 理解性　　C. 恒常性　　D. 选择性

4. 我们可以根据人脑认识事物的特征，将知觉分为（　　）。

A. 空间知觉　　B. 运动知觉

C. 时间知觉　　D. 情感知觉

5. 肤觉在人类关系中扮演重要角色的一个方面是（　　）。

A. 拥抱　　B. 冷热　　C. 按压　　D. 触摸

二、填空题

1.（　　）是服务文化的核心和动力，（　　）是（　　）的外在表现，（　　）服务文化建设的重要保障。

2.（　　）是人脑对直接作用于（　　）的客观事物的（　　）的反映。

3.（　　）是人脑对直接作用于感觉器官的客观事物的各个部分和属性的（　　）反映。

4.（　　）是在客观事物刺激作用下产生的一种对刺激（　　）的反映。

三、简答题

1. 简述感知觉之间的关系。

2. 简述影响旅客感知觉的因素。

3. 简述旅客感知觉的内容。

四、案例分析题

阅读下列案例，回答问题。

按职业归类，人们一般认为工人直爽，农民质朴，军人雷厉风行，知识分子文质彬彬，商人较为精明。按年龄归类，人们一般认为年轻人上进心强，敢说敢干；而老年人墨守成规，缺乏进取心。按性别归类，人们一般认为男人独立性强，竞争心强，自信，有抱负；而女性则依赖性强，起居洁净，讲究容貌，细心，软弱。

1. 上述现象反映了心理学上什么理论？

2. 在旅客运输服务中，这种社会现象对旅客的认知产生了哪些影响？客运服务人员应如何应对？

答案：

一、1. BCD。2. ABCD。3. D。4. ABC。5. D。

二、1. 理念文化、物质文化、理念文化、制度文化。2. 感觉、感觉器官、个别属性。3. 知觉、整体。4. 错觉、主观歪曲。

三、略。

四、略。

☞**任务实施**

实训：轨道交通运输公司给旅客的感知觉

一、活动目的

深入认识感知觉规律及其在轨道交通运输服务中的应用。

二、活动准备

1. 全班同学分成若干组（5～6 人一组）。

2. 各组搜集所选轨道交通运输公司的资料，包括企业标志、列车和车站、客运服务人员的服装、规范用语、服务流程等。

三、活动过程

1. 分享交流

各小组轮流展示本小组所选公司的车站环境、设备设施、服务人员、服务水平、服务案例等，可以采用演说、图片或照片展览、PPT、视频、情景表演等多种形式进行展示。

在展示的过程中要分析出本组轨道交通运输公司给了旅客怎样的感知觉，体现了感知觉的哪些规律或特点，这些对企业的发展有什么好处。

2. 讨论反思

（1）轨道交通运输公司给旅客留下感知觉的内容有哪些？各轨道交通运输公司要努力为旅客留下好的印象，说明了知觉的哪些规律？鉴于这些规律，你还能为本组所选的轨道交通运输公司提出哪些建议？

（2）各组的展示中，你印象最深刻的是哪组？有关该轨道交通运输公司，你记住了哪些内容？对该组印象最深是因为该轨道交通运输公司选的好还是因为该组同学表现好？

（3）这次你参与展示了吗？得到了哪些方面能力的提升？还有哪些不足？假如你没有参与展示，下次你会怎么做？

四、活动总结

活动完成后，每人写一篇 300 字以上的心得体会。

☞项目学习评价

学习完本项目后，请根据自己学习所得，结合下表内容进行评价。分 A、B、C 三个等级进行评价。A：充分；B：一般；C：不足。

评价内容	评价方式			评价等级
	自评	小组评议	教师评议	
课前预习本项目相关知识、相关资料				
掌握感觉的基础知识				
掌握知觉的基础知识				
学会分析影响旅客感知觉的因素				
掌握培养客运服务人员感知觉能力的方法				
掌握感知觉的关系				
学会分析旅客感知觉的内容				
参与教学中的讨论与练习，并积极完成				
善于与同学合作				
学习态度及完成作业情况				
总评				

项目三 情绪情感与轨道交通运输服务

☞项目引言

人生存于自然界，生活于社会之中，周围的事物及他人和自己的行为，常常引起人不同的情绪，一些现象让人愉快，一些现象让人感到悲哀，一些现象让人感到愤怒，等等。这些愉快、悲哀、愤怒等，都是常见的情绪体验，人们更深层次情绪体验就是情感。情绪和情感是较复杂的心理活动，从一定程度上决定了人们会做出怎样的行为和决策。在旅客运输服务工作中，了解旅客情绪情感的基础知识，正确认识旅客情绪情感的变化，做好旅客和自身的情绪情感调控，有助于客运服务工作高效地开展。

☞项目任务书

名称	情绪情感与轨道交通运输服务	
学习目标	知识目标	了解情绪情感的含义、分类、作用、区别与联系等 熟悉影响旅客情绪情感变化的因素 掌握客运服务人员常见的情绪问题 了解旅客情绪情感的调节方法 掌握客运服务人员情绪情感的调节方法
	技能目标	能准确判断旅客情绪类型 能运用情绪心理学知识对旅客群体进行有针对性的服务 能运用情绪调节方法调控好自身的情绪 能运用情绪调节的方法调控好旅客的情绪
	素质目标	具有良好的社会公德、职业道德和专业基本素质 具有强烈的法律意识、安全意识与自我保护意识 具有沟通协调能力、语言表达能力、管理能力 培养团结协作、热情有礼、认真细心、遇事不惊的职业素养
学习内容	任务一 走进情绪情感 工作任务一 情绪的基础知识 工作任务二 情感的基础知识 工作任务三 情绪与情感的关系 任务二 影响旅客情绪情感变化的因素 工作任务一 阐述影响旅客情绪情感变化的因素 工作任务二 分析旅客的情绪情感 任务三 客运服务人员情绪情感对服务的影响 工作任务一 健康的与不良的情绪对服务的影响 工作任务二 客运服务人员常见的情绪情感问题 工作任务三 客运服务人员情绪情感的调节方法 任务四 轨道交通运输服务中情绪情感的运用 工作任务一 旅客常见的情绪情感表现 工作任务二 调控旅客不良情绪的方法	

续表

任务描述： 客运服务人员应了解情绪情感的含义、分类、作用、区别与联系等并掌握情绪情感的调节方法；能准确判断旅客所属情绪情感类型，熟悉并运用情绪情感的心理学知识为不同的旅客提供有针对性的服务；掌握情绪情感的调节方法，能运用这些方法对自身和旅客的情绪进行调控，并能针对旅客所出现的问题进行有效解决。 任务完成时要求做到： 1. 阐述情绪情感的含义、作用、区别与联系等。 2. 针对旅客所属情绪情感类型，提供有针对性的服务。 3. 针对自身的情绪情感问题进行有效调控。 4. 掌握影响旅客情绪情感变化的因素。 5. 能根据引起旅客情绪情感变化的因素提出有效的解决方法。 6. 能有效处理旅客在旅行过程中出现的各种情绪情感问题。 任务实施说明： 1. 将授课班级进行分组，5～6 人为一个学习团队。 2. 每个学习团队组织学习，进行项目任务分析、任务分配。 3. 资料学习、相关知识准备，完成项目的资讯环节。 4. 现场教学、资源利用，完成项目的实训环节。 5. 学习团队按照任务分派制作相关的 PPT，派代表上台进行汇报。

【案例导入】

在一位农夫的果园里，紫红色的葡萄挂满了枝头，令人垂涎欲滴。当然，这种美味也逃不过安营扎寨在附近的狐狸们，它们早就想享受一下了。第一只狐狸开始跳，够不着，咬牙跺脚，再跳还是够不着。“这个葡萄肯定是酸的，肯定不好吃。而且，别的狐狸也没吃到，我有什么好遗憾的，抓鸡吃去。”于是，它哼着小曲，高高兴兴地走了。第二只狐狸来到了葡萄架下，也使劲跳，可根本够不着，“我不能放弃，我就不信我吃不到。”于是，它从天亮跳到了天黑，又从天黑跳到了天亮，它跳得越来越低，最后累死在了葡萄架下，两眼圆睁，望着高高挂在枝头的葡萄。第三只狐狸吃不到葡萄，便破口大骂，“谁这么缺德，把葡萄种这么高，成心跟我过不去！”正巧被农夫听到，用铁锹把它拍死了。第四只狐狸很内向，它尝试着跳起来去摘没有成功，试图让自己不再去想葡萄，可也做不到。它听说有别的狐狸吃到了葡萄，心情更加不好，每天头痛、失眠、焦躁不安，什么事都不想干，最后饿得骨瘦如柴，奄奄一息。第五只狐狸看到自己的身高在葡萄架下显得如此的渺小，便伤心地哭了起来。“我的命运怎么这么悲惨啊，想吃几粒葡萄的愿望都满足不了，活着还有什么意思？”越想越郁闷，最后找了棵歪脖子树，上吊而死。第六只狐狸也不停地跳，就是摘不到，一气之下精神分裂了，整天傻笑，疯言疯语。第七只狐狸来到葡萄架下，它既没有破口大骂，也没有坚持不懈地往上跳，而是发出了感叹：美好的事物有时候总是离我们那么遥远，这样有一段距离，让自己留有一点儿幻想又有什么不好呢？于是它诗兴大发，一本诗集从此诞生了！第八只狐狸看到了自己与葡萄架之间的差距，决定奋发图强，报了一个研修班，刻苦钻研葡萄采摘技术，最后当然是如愿以偿。

问题 3-1：8 只狐狸在情绪方面各有什么特点？

问题 3-2：现实生活中你像哪只狐狸？你愿意做哪只狐狸？为什么？

任务一 走进情绪情感

☞**任务导入**

高兴时笑，悲伤时哭，害怕时战战兢兢，这些都是人们在日常生活中常见的一些正常的心理现象，笑、哭、战战兢兢就是反映人们心理的情绪表现。当然，人们高兴了不一定要笑，有些人会喜极而泣。人们的心理感受往往不是单一的，而是几种心理的混合。通过对情绪表现的分析，探究人们的心理活动；透过人们情绪情感的表现，找到隐藏在内心深处的心理活动，这就需要对情绪情感及其表现有一个基本的认识。

☞**知识准备**

一、情绪

（一）情绪的概念

“人非草木，孰能无情?”在日常生活中，每个人都会对客观事物产生不同的心理体验，情绪反映着每个人内在的心理状态。如有人问：“今天过得怎么样”？多数人的回答会围绕情绪展开，如“还不错”“很高兴”“有些郁闷”，等等。

关于情绪的定义，一直存在着争议，众说纷纭。当代心理学家把情绪界定为一种躯体和精神上的复杂的变化模式，包括生理唤醒、感觉、认知过程以及行为反应，这些是对个人知觉到的独特处境的反应。

为了了解为什么所有这些成分都是必需的，请先设想一个让自己感到特别快乐的场景。自己的生理唤醒可能是平缓的心跳；感觉是积极的；相关的认知过程包括那些使自己将该场景界定为快乐的解释、记忆和预期；外显行为反应可能是表情上的微笑或动作上的拥抱。人们对于情绪的说明试图将这些片段整合在一起，即唤醒、感觉、思想和行动（图 3-1）。

图 3-1 丰富多样的情绪

（二）情绪的构成

简单而言，每种情绪都由四种成分构成：生理唤起、认知解释、主观感受和行为表达。下面，举一个更加直接的例子来说明这四种成分。

假设一个人买彩票中了5000万，他很可能会欢呼雀跃，心跳加速，大脑被欢乐席卷。恭喜，他在这时获得了一种情绪。警报信号同时贯穿他的自主神经系统和内分泌系统，造成生理唤起，引发包括心跳加速在内的大范围内脏反应。

情绪的第二个成分是对事件与感觉的认知解释，包括对情境的有意识识别与解读。无疑，他会把你彩票中奖的消息解释为好运气。对于那些让人不快的经历，他也有同样的认知解释过程，这个过程可能是有意识的，也可能是无意识的。

想象一下他正在被饥饿的老虎追赶（图3-2），他的恐惧情绪的主观感受成分可能有着若干种来源。其中一种是大脑对身体当下的唤起状态的觉知，另一种来源于对过去相似情境中的身体状态的记忆。大脑中储存有一种情绪化的“身体表象”，在对饥饿的老虎做出反应时，他的大脑就会提取出以往遭遇险境时的身体表象记忆，包括心跳加速、冒冷汗以及想要逃跑的感觉。

图3-2　被饥饿的老虎追赶

情绪的第四种成分是在行为上对情绪进行表达。所以，当他得知彩票中奖了，可能会微笑、欢呼，还可能一边把这个消息告诉同伴，一边在房间里跳舞。而当他看到饥饿的老虎时，则可能会激活“战斗或逃跑”反应，面部表情与喊叫声中充满恐惧，可能会哭泣、吼叫、面部扭曲。

（三）情绪的分类

1. 根据情绪的体验分类

（1）快乐。

快乐是一种在追求并达到所盼望的目的时所产生的情绪体验。比如旅客在旅途中一路顺利，而且欣赏到了优美的自然风光，就会产生愉快和快乐的情绪体验。快乐的程度取决于愿望的满足程度和满足的意外程度。快乐的情绪从微弱的满意到狂喜，分成一系列程度不同的级别。

（2）愤怒。

愤怒是由于妨碍目的达成而造成紧张积累所产生的情绪体验。愤怒的程度取决于妨碍达到目标的对象的意识程度。愤怒从弱到强的变化是：轻微不满→微怒→愤怒→暴怒。比如，曾有一名旅客购买了一款带有闹钟功能的手表，他睡觉前进行了时间设置。

然而到了他设定的时间时，手表并没有响，使他延误了乘坐列车。该旅客十分愤怒，一怒之下找到了消费者协会，要求手表厂家对其进行赔偿。

（3）悲哀。

悲哀是指失去自己心爱的对象或自己所追求的愿望破灭时所产生的情绪体验。悲哀的程度取决于所失去的对象和破灭的愿望对个人或社会的价值的大小。悲哀按程度的差异依次表现为失望→遗憾→难过→悲伤→哀痛。

（4）喜爱。

喜爱是指对象满足需要而产生的情绪体验。喜爱表现为接近、参与、欣赏或获得。事物、活动、艺术品和人，都可以是人们所喜爱的对象，引起人们喜爱的情绪体验。

（5）恐惧。

恐惧是由于能力和力量的限制而无法处理或摆脱可怕的情景时所产生的一种情绪体验。天灾人祸的突然降临难以应付时，人首先产生的就是恐惧。比如，列车在旅途中出现意外，旅客就会产生恐惧的情绪。恐惧也有轻重，这取决于情景的可怕与危险程度，也取决于人处理事务的能力和力量。

2. 根据情绪表现分类

（1）心境。

心境是一种比较微弱、平静而持续一定时间的情绪体验。它平静而微弱，持续而弥散。心境由于有弥散的特点，所以，某种心境在某一段时间内影响着一个人的全部生活，使人的语言、行动及全部情绪，都染上了这种心境的色彩。一个人在愉快、喜悦的心境中，仿佛一切都染上了“快乐的色彩”，看什么都那么顺眼，对一切都感到是满意的。而处在忧愁悲伤心境中的人，在一段时间里就表现得无所不悲，仿佛一切都染上了“忧伤的色彩”。心境的特点是不具有特定的对象，即不是关于某一事物的特定的体验，它是具有弥散性的情绪状态。

（2）激情。

激情是一种爆发快、强烈而短暂的情绪状态（图 3-3）。例如，在突如其来的外在刺激下，人会产生勃然大怒、暴跳如雷、欣喜若狂等情绪反应。在这样的激情状态下，人们的外部行为表现比较明显，因而很容易失去理智，甚至做出不顾一切的鲁莽行为。因此，在激情状态下，要注意调控自己的情绪，避免冲动行为。

图 3-3　激情

激情有积极和消极之分。积极的激情可以成为人们积极行动的巨大力量；而消极的激情对有机体活动具有抑制作用，使人们的自制力显著降低，如人在绝望时目瞪口呆、呆若木鸡等。

（3）应激。

应激指出乎意料的危险情景突然发生时人们所表现出来的情绪高度紧张状态（图 3-4）。如火灾、爆炸、地震、车辆制动失灵等事故的突然发生，人们会为此震惊、恐惧、慌张，这就是应激现象。

图 3-4　应激

应激反应可能有两种表现形式：一是惊慌失措、手忙脚乱，陷入一片慌乱之中，甚至做出不适当的反应；二是头脑冷静、急中生智，动作准确，及时排除或摆脱险情。一个人在出乎意料的事故面前，究竟会出现哪种反应，取决于个人的心理品质，如思维灵活性、判断准确性、反应敏捷性，以及沉着、果断、勇敢等。

（四）情绪的作用

1. 适应功能

情绪是有机体适应生存和发展的一种重要方式。喜悦愉快的情绪会激励人去从事引起这些愉快情绪的活动，而恐惧厌恶的情绪则使人远离引起这些不悦情绪的事物或活动。对此，美国心理学家奥尔兹的动物心理实验做出了有力的证明。他将生物电极埋入大白鼠下丘脑内的快乐中枢，并让大白鼠学会压杠杆以获得生物电刺激，引起快乐冲动。于是，大白鼠会竭尽全力去按压杠杆，追求快乐。其按压杠杆的次数每分钟可高达 100 次，持续时间可达 15～20 小时，直到精疲力竭进入睡眠状态为止（图 3-5）。在日常生活中，人们通过察言观色了解对方的情绪状况，以维护人际关系，或采取相应的措施等。

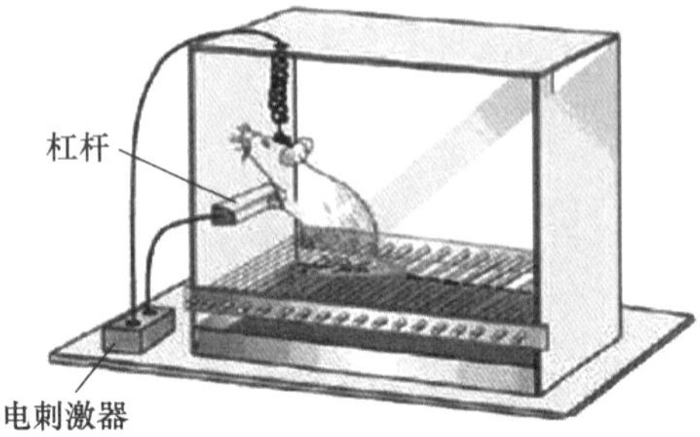

图 3-5　适应功能

2. 动机功能

情绪可以放大生理需要，促使有机体发生反应，在最广泛的领域里为人类的各种活动提供动机。研究表明，情绪反应不但能根据主客观的需要及时地发生反应，而且可以脱离内驱力而独立地起动机作用。比如，无论在任何时候和何种情况下发生，厌恶一定引起躲避，恐惧均能使人退缩，愤怒定会发生攻击等。情绪的动机功能还体现在它能在人类高级的目的行为和意志行为中发挥着重要影响，这一点可通过兴趣情绪明显地表现出来，兴趣、好奇会促使人们去探索复杂的现象，即使屡遭失败也能顽强坚持，希望能够成功。

3. 组织功能

情绪对其他心理活动的组织作用集中表现为对活动的瓦解或促进。一般来说，正向情绪起协调的、组织的作用；负向情绪起破坏、瓦解或阻断的作用。有研究证明，中等强度的愉快情绪有利于提高认知活动的效果，愉快强度与操作效果曲线呈倒“U”形，过低或过度的愉快唤醒均不利于认知操作。而对负性情绪来说，痛苦、恐惧的强度与操作效果呈直线相关，情绪强度越大，操作效果越差。情绪的组织功能还表现在人的行为上。当人处在积极乐观的情绪状态，则倾向于注意事物美好的一面；消极情绪状态则使人产生悲观意识，失去希望与追求，更易产生攻击性行为。

4. 信号功能

情绪是一种独特的非语言沟通，它通过身体姿态、面部表情、声调的变化来实现信息的传递，它所携带的信息是对语言交际的重要补充。从信息交流的发生上看，表情的交流比言语交流要早得多，如在前言语阶段，婴儿与成人相互交流的唯一手段就是表情。再如在电影业发展早期，无声电影正是通过演员的各种表情动作来向观众传递信息的。另外，在许多情景中，情绪信号使语言内容的歧义性明确起来，成为个人态度、感受的最佳注解。有些情况下，单纯的情绪信号就能够明确地传达个体的内在需要与愿望，望穿秋水、眉目传情所描述的就是单纯的情绪信号交流。

【实际演练】

主题：填写情绪事件。

目的：测试自己的情绪状态。

1. 我最生气的一件事情。
2. 我最快乐的一件事情。
3. 我最害怕的一件事情。
4. 我最担忧的一件事情。

二、情感

（一）情感的概念

达尔文认为，人类机体状态与生物机体的发展是一个不断进化的过程，具体表现为生物种类不断分化而增多，细胞结构不断复杂而有序，组织功能不断深化而加强（图 3-6）。人类的情感发展也必然是一个不断进化的过程，具体表现为情感的表现形式不断分化而增多，情感的层次结构不断复杂而有序，情感的行为驱动功能不断进化而加强。

图 3-6　达尔文

一般的普通心理学课程中认为："情绪和情感都是人对客观事物所持的态度体验，只是情绪更倾向于个体基本需求欲望上的态度体验，而情感则更倾向于社会需求欲望上的态度体验。"而《心理学大辞典》中认为："情感是人对客观事物是否满足自己的需要而产生的态度体验。"

（二）情感的种类

情感是人类特有的与人的社会和精神需要相联系的心理体验，它反映着人们的社会关系和生活状况，具有明显的社会历史性。情感的种类很多，渗透于人类社会生活的各个领域，对人的社会性行为有一定的影响。常见的情感有道德感、理智感、美感。

道德感是一种比较复杂的高级情感，它是根据一定的道德标准评价人的思想、观念、行为时所产生的主观体验。这种体验总是因人们的道德观念及评价，人们所处的阶级地位或社会地位不同而有所不同。

理智感是人们对认知活动的成就进行评价时产生的情感体验。如人在进行智力活动时，在发现、发明、创造的过程中所产生的怀疑、惊讶、喜悦等都属于理智感。

美感是根据一定的审美标准评价事物时所产生的情感体验。美感受社会条件的制约，社会制度、历史时期和风俗习惯不同，人们对美的感受不同。

（三）情绪情感的两极性

人的情绪情感具有两极性，两极性是指每一种情绪和情感都能找到对立的情绪和情感。在一定条件下可以相互转换，如"喜极而泣""乐极生悲""破涕为笑"等。

1. 肯定性与否定性的两极性

肯定性的情绪情感有高兴、喜欢、愉快、热爱、满意等；否定性的情绪情感有厌恶、悲哀、憎恨、绝望、恼怒等。

2. 积极性与消极性的两极性

积极的情绪如愉快、热情等能够增强人的活动能力，促使人去积极地行动。消极的情绪如烦恼、不满等能降低人的活动能力。在有些情况下，同一情绪既有积极的性质又有消极的性质。例如，旅客在危险情况下产生的恐惧情绪，既会抑制人的行动，减弱人的精力，又可以驱使人动员自己的能量同危险情境作斗争。

3. 紧张和轻松的两极性

紧张和轻松的两极性，是人处在活动的紧要关头或所处情景，同时也是最有意义的关键时刻情绪和情感表现出来的两极性。通常在紧要关头的前夕，当事人一般会有紧张的体验，事后往往出现轻松的体验。一般来说，紧张与活动的积极状态相联系，引起人的应激活动；有时过度紧张也可能起到抑制作用，使情绪疲惫。

4. 强和弱的两极性

各类情绪、情感的强度是不一样的，在强弱之间又有各种不同的程度，比如，从微怒到狂怒的发展过程：微怒→愤怒→大怒→暴怒→狂怒。从好感到酷爱的发展过程：好感→喜欢→爱慕→热爱→酷爱。情绪与情感的强度取决于引起情绪与情感的事件对人的意义的大小，意义越大，引起的情绪与情感就越强烈，如“爱之深，责之苛”。此外，情绪与情感的强度也和个人的既定目的和动机的实现程度有关。

三、情绪与情感的关系

在心理学中，情绪情感是极易同时出现的两个概念。情绪和情感的表现与表达容易混淆，但从产生的基础和特征表现上来看，二者有所区别（表 3-1）。

表 3-1　情绪和情感的区别

项目	时间	稳定性	强度	产生条件
情绪	出现早	具有鲜明的情境性和短暂性，往往随着情境的改变和需要的满足很快减弱和消失	经常带有冲动性和比较明显的外部表现	多与人的生理需要有关
情感	出现晚	有较强的稳定性、持久性和深刻性	以内心体验的形式蕴藏在人格当中	多与人的社会需要有关

当人们将情绪和情感作为一个统一的心理过程来讨论时，它们之间又有密切的联系。情绪长期积累，就会转化为情感。而情感在一定条件下，也会以鲜明的、爆发的形式表现出来，表现为一种情绪。情绪情感虽有区别，但由于同属感情范畴，二者之间必是紧密联系的。首先，许多时候情绪、情感以形式和内容相同的方式共同表达人的感情。例如，热爱祖国是一种情感，但往往以激情的方式表达出来。其次，情感能够调节、控制某些由生物性需要引起的情绪（如为了抗美援朝、保家卫国，广大百姓可以忍饥挨饿、捐钱捐物甚至牺牲自己的生命等），而情感又是在大量情绪体验基础上形成的。最后，转变人的情感必须依赖情绪共鸣方能实现。如“顽固不化”一词，既说明人认识上的固执、僵化，也说明人的情感缺陷，要想改变它，必须引起对“顽固不化”表示厌恶的情绪。

【实际演练】

根据你自己的经历，举一些实际例子说一说情绪情感的区别与联系，并填写以下表格。

		情绪	情感	举例
区别	性质			
	出现时间			
	稳定性			
	表现形式			
联系				

工作任务一

制作 PPT，阐述情绪的基础知识。

工作任务二

制作 PPT，阐述情感的基础知识。

工作任务三

制作 PPT，阐述情绪与情感的关系。

☞任务评价

走进情绪情感：

项目任务	掌握情绪情感的基础知识				
班级		姓名		评价时间	
【考核内容】					
考核项目	考核标准			分值	得分
情绪的概述	情绪的概念、分类、作用			15	
情感的概述	情感的概念、分类			10	
	情绪情感的区别与联系			25	
制作内容	制作能清晰展示 PPT 的演讲稿			15	
	要求类型分析准确，文字流畅			15	
	做到内容熟练、图文并茂			20	
指导教师意见：					
说明：1. 建议采用四级评分制（如 90%～100%，80%～90%，60～80%，<60%）。 2. 主要采用小组互评的方式进行评价，教师最后进行参考评分。					

任务二　影响旅客情绪情感变化的因素

☞**任务导入**

随着社会发展及运输市场的激烈竞争，对客运服务人员的要求也越来越高，旅客不仅需要舒适整洁的旅途环境，更需要优质、热情、满意的服务。因此，只有了解旅客情绪情感的表现，才能满足不同旅客的需求，从而提高服务质量。

☞**知识准备**

一、阐述影响旅客情绪情感变化的因素

旅客在途中所接触到的一切，无论是物质环境、人文环境、天气因素还是服务人员等，都会引起他们情绪情感的变化。这些因素包括以下几个方面。

（一）需要是否得到满足

需要是情绪产生的主观前提。每个旅客都是独一无二的，他们各自都有不同内容、不同层次的需要。旅客的需要是否得到了满足，决定着情绪的性质。如果旅客的需要得到满足，旅客会产生积极、肯定的情绪，如高兴、愉快、满意等；如果旅客的需要没有得到满足，旅客会产生消极、否定的情绪，如不满、失望、愤怒等。

要保证旅客在客运服务中得到积极、肯定的情绪，客运服务工作者应该在以下三个层面上工作到位。

第一，按国家相关服务质量规定或者企业自身作出的服务工作规定、承诺等，保证旅客应该得到的标准、程序式服务。遵守这些规定等，会使广大旅客接受和认可铁路服务提供的各阶段服务质量状况。

第二，在执行相关规定的同时，更加突出细致、周到和人性化服务内容，使旅客感到被服务的温暖，进而产生感动、高兴、肯定的情绪。

第三，对旅客提供超其期待或想象的服务，这种服务令旅客最为感动甚至是终生难忘。

（二）旅途环境的影响

人的情绪很容易受到环境的影响，如拥挤的人群常会让人感到紧张、烦躁，而整洁有序的候车大厅则使人踏实、放松等。对于旅客来说，影响情绪的环境因素主要是他们能看到、感受到的各种硬件设施和设备，如车站的布局、设计装潢，车厢内的温度、灯光、色彩，乘务员的制服、颜色等。其目的就是让旅客保持愉快、舒适、高兴的情绪（图 3-7）。

（三）服务的影响

服务的好坏是影响旅客情绪情感的主要因素。旅客从购票到安全到达目的地，走出车站，其中每一个服务环节都将对旅客的情绪产生一定的影响。这里的客运服务主要包

图 3-7　舒适的旅途环境

含两方面：一是列车上的服务，主要是指列车上乘务员的服务；二是站内服务，其中包括售票、安检、行李等一系列的服务。这就需要铁路运输企业各部门形成合力，服务人员主动、热情、耐心周到地为旅客服务，使旅客有一种受到尊重的感觉，从而产生良好的情绪体验。

（四）旅客自身的影响

同样的服务条件下，不同的旅客可能因为自身的因素产生不同的情绪，主要有以下三方面。

1. 身体状况的影响

身体健康、精力旺盛是产生愉快情绪的原因之一。身体欠佳、过度疲劳或疾病困扰容易导致不良情绪。旅客身体状况存在个别差异，客运服务人员在服务过程中要注意区别对待，为其提供周到细致的服务。

2. 旅客归因的影响

从购票服务到到达服务，环节较多，出现一些服务突发事件往往难以避免，此刻旅客的归因不同会引发旅客不同的情绪情感。例如，某次列车到站后，出站口自动检票机突然出现故障，由于到站旅客多，人工检票使旅客等待的时间变长，有的旅客认为是突发事件，耐心等待就好；有的旅客认为车站人员不负责任，就会产生烦躁、气愤等负面情绪。

3. 团体及人际关系的影响

一个团体中，成员之间如果互相信任、团结和谐，就会使人心情舒畅、情绪积极；如果互不信任，彼此戒备，就会随时都处在不稳定的情绪之中。在人际交往中，尊重别人、欢迎别人，同时也受到别人的尊重和欢迎，就会产生亲密感、友谊感。

【案例厅】

在北京至珠海的列车上，头等车厢满员，乘务组自然不敢掉以轻心。头等车厢15号座位是位外籍旅客，入座后对客运服务人员还很友善，并不时和客运服务人员开开玩笑。列车运行中，这位外籍旅客一直在睡觉，客运服务人员忙着为其他旅客提供餐饮服务。然而两个小时后，这位外籍旅客忽然怒气冲冲地走到服务区，大发雷霆，用英语对客运服务人员说："两个小时的时间里，你们竟然不为我提供任何服务，甚至连一杯水都没有！"说完就气呼呼地返回了座位。旅客突如其来的愤怒使客运服务员们很吃惊。

问题 3-3：案例中的旅客情绪情感变化的因素是什么？

问题 3-4：如果你是该趟列车的工作人员，接下来该如何处理？

二、旅客情绪情感表现的分析

有研究表明，在人与人的交往中，影响成功的因素有三个：语言、语调和肢体语言。其中，人们从语言中获得的信息占7%，语调占38%，肢体语言占55%。旅客产生情绪时，会伴随出现相应的语言、身体姿态、面部表情的变化。服务人员可以通过这些途径来判断和推测旅客的情绪状态。

（一）语言分析

旅客的话语、语调、语气都能反映出其所处的情绪状态。通过语言分析旅客的情绪状态从而提供相应的服务，是客运服务人员应掌握的技能（表 3-2）。

表 3-2　旅客的几种代表性语言分析

旅客的语言		旅客可能的情绪状态
话语	请……	随和、理智
	你是否……	愉快、高兴
	我想要……	清楚明确的期望，可能是愉快的或过高的要求
	我说的是……	困难的，要求很高
	我听到的不是如此	争论、气愤
语调	语调低沉缓慢	自然随和或疲倦
	语调轻快	高兴与快乐
	语调高低起伏	不耐烦、不高兴、找麻烦的
	语气缓和、小声	随和、理智
	语气强烈、大声	愤怒、生气

（二）面部表情分析

人的面部大多数情况下都能直接反映出人的情绪状态（表 3-3）。

表 3-3　旅客的几种代表性表情分析

旅客的表情	旅客可能的情绪状态
眉毛微微上扬	舒服、惬意
眼睛圆睁，表情紧张	恐惧
眼睛圆睁，牙齿外露	愤怒
嘴角上翘，面部肌肉上扬	高兴和愉快
面无表情，避开眼神交流	精神欠佳或有潜伏危险
眉眼低垂，面部肌肉下沉	不感兴趣，悲伤

（三）姿态分析

人的身体姿态也能反映出人的情绪状态（图 3-8）。旅客的几种代表性姿态也可反映（表 3-4）。

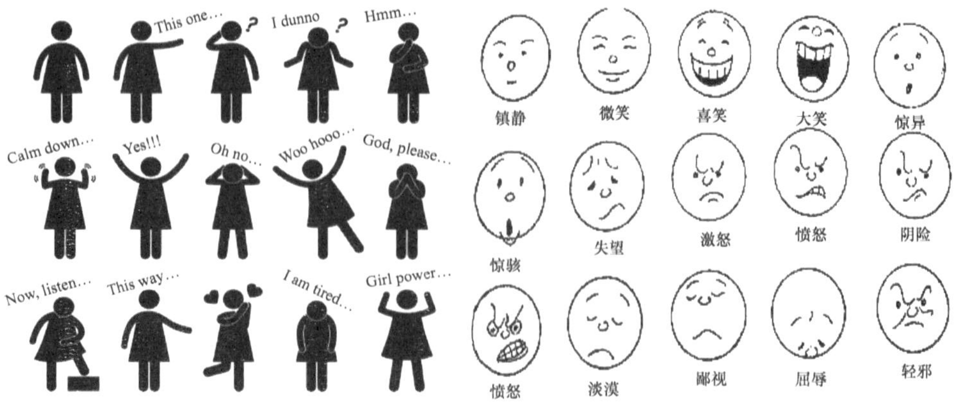

图 3-8　姿态语言和面部表情

表 3-4　旅客的几种代表性姿态分析

旅客的姿态	旅客可能的情绪状态
挺立着	坦率、直爽
膝盖晃动	不耐烦
弯腰驼背	疲倦、被冒犯、不耐烦、不高兴
手指关节作响	不耐烦、愤怒
走路迅速	热情或要求很高
说话或倾听时扬起眉毛	不喜欢或不信任对方
踱步	闲散，不慌不忙
侧头倾听	注意力集中，感兴趣

【案例厅】

2016 年 1 月 24 日下午 2 时许，温州站值班人员在站外巡查时发现一名成年男子眉眼低垂，弯着腰在哭泣。他身穿单衣，双手发黑，像是从哪里刚干完活。

值班人员上前与该男子攀谈，男子用低沉的声音说：“刚被检票工作人员三次拒绝进站，回不了家了。”

其实，验票人员的拒绝是合理的，因为温州站实行实名制进站，要人、证、票一致方可进站上车，而该男子根本就没有票。

值班人员问：“你为什么不买票?”听到这个问题，该男子又开始哭泣，说起苦衷：他姓王，河南人，在温州打工，老婆孩子在家。在温州一年，他没回家看过家人。前些日子，他得知孩子将在 1 月 25 日做眼部手术，就决定在 24 日回老家。

可是，之前工地的活没有完成，老板不给结算工资，他手头也没有富余的钱买票。就这样一直忙到 24 日，他终于领到了工资，高兴地跑到温州站买票，却被告知已经没有票了。他懵了，实在想不出其他的办法，这才动起了混进车站的歪脑筋。

“我想回家，能不能让我上车，随便到哪里，我想办法转车也行”，他向值班人员重复着说这句话。

核实该男子的情况后，值班人员通过申请，启用了温州站“爱心通道”，将该男子安排当天下午温州开往商丘的列车上。

当该男子踏上回家的列车时，他第三次流下了眼泪。

问题 3-5：该男子三次哭泣的情绪情感分别属于哪一类？

工作任务一

制作 PPT，阐述影响旅客情绪情感变化的因素。

工作任务二

制作 PPT，分析旅客的情绪情感。

☞任务评价

影响旅客情绪情感变化的因素：

项目任务	掌握影响旅客情绪情感变化的因素				
班级		姓名		评价时间	
【考核内容】					
考核项目	考核标准			分值	得分
情绪情感变化的因素	影响旅客情绪情感变化的四大因素			15	
根据旅客的表现分析情绪情感	语言、面部表情、姿态的表现			10	
	根据旅客的表现分析其情绪情感			25	
制作内容	制作能清晰展示 PPT 的演讲稿			15	
	要求类型分析准确，文字流畅			15	
	做到内容熟练、图文并茂			20	
指导教师意见：					
说明：1. 建议采用四级评分制（如 90%～100%，80%～90%，60～80%，<60%）。 2. 主要采用小组互评的方式进行评价，教师最后进行参考评分。					

任务三 客运服务人员情绪情感对服务的影响

☞任务导入

在客运服务的过程中，旅客的情绪会影响服务人员的服务质量，而服务人员本身的情绪也会影响到服务质量。因此，客运服务人员要认识到自己的情绪情感对服务的重要性，同时要学会自己调节情绪，培养自己良好的情感，更好地在客运服务的岗位上实现自己的价值。

☞知识准备

一、情绪健康的六项指标

健康的情绪是健全人格的必要条件之一。一般而言，情绪应目的性恰当、反应适度，不带有幼稚的、冲动的特征，符合社会规范和要求。心理学家瑞尼斯等人提出了情绪健康的六项指标。

第一，发展出某些技巧以应付挫折情境。

第二，能重新解释与接纳自己与情绪的关系，不会一直自我防卫，能避免挫折并安排替代的目标。

第三，知觉某些情境会引起挫折，可以避开并找寻替代目标，以获得情绪满足。

第四，能找出方法，缓解生活中的不愉快。

第五，能认清各种防卫机制的功能，包括幻想、退化、反抗、投射、合理化、补偿，避免成为错误的习惯，以免防卫过度，造成情绪困扰。

第六，能寻求专家的帮助。

二、健康的情绪情感对服务的积极影响

上班前做好各项准备工作，对每天工作有计划，头脑冷静，主动、热情、耐心、周到，这些是做好客运服务工作的前提和保证。健康的情绪情感对服务有以下三方面的影响。

（一）营造良好的服务心理氛围

良好的服务心理氛围是指服务的情景符合旅客的需求和心理特点，服务人员之间、旅客之间及服务人员与旅客之间的关系和谐，旅客产生了满足、愉快、互帮互谅等积极的交往体验。服务人员积极、乐观的情绪能激发自己对工作的热忱和兴趣，从而进行贴心周到的服务，营造出良好的服务心理氛围。

（二）化解旅客的不良情绪

服务人员的良好情绪状态可以通过表情，特别是轻松、愉悦的笑容传达给旅客，甚至可以代替语言上的“欢迎”或“关心”。这有利于安抚旅客的紧张情绪，化解旅客长途旅行中因疲劳、孤独等引起的消极情绪，从而使服务工作顺利进行。

（三）拉近与旅客的心理距离

服务人员真诚的微笑、轻松愉悦的情绪不仅可以使自己处于良好的工作状态，还会感染旅客。因为拥有良好的情绪所流露出来的笑容真实、诚挚，可以在不经意间化解旅客的紧张和不安，使旅客感到信赖和安全，拉近彼此的心理距离，从而建立和谐的服务关系，为提高服务质量打好基础。

三、不良的情绪情感对服务的消极影响

（一）影响服务人员的工作效率

在不良情绪的影响下，服务人员可能会处于一种伤心、愤怒或心不在焉的状态。这

种状态会严重影响服务人员的工作积极性，易导致做事马虎，工作态度冷漠，懒散敷衍等，工作效率当然也就不高。

（二）导致与旅客关系紧张

当服务人员带着不良情绪工作时，表情、状态都可能不佳，令旅客觉得不受欢迎或不被尊重，情绪也就自然不快。相互的不良情绪影响，甚至会形成恶性循环，导致不良服务气氛或关系紧张，不但影响到服务人员和旅客的心情，甚至可能会激发矛盾。

【案例厅】

2017 年 1 月 1 日，客运服务人员整装待发，提前来到单位，他们将在 G5516 号次执行一趟“有爱相伴，快乐同行”元旦主题列车计划（图 3-9）。

图 3-9　元旦主题列车

伴随第一批旅客上车，“有爱相伴，快乐同行”主题列车正式拉开帷幕，客运服务员们洋溢着幸福的笑容迎接旅客的到来，客运服务人员主动将糖果分给小朋友们，如此浓厚的节日氛围已让旅客们惊喜不已，像是冬日里最温暖的阳光洒在每个人的心里。整趟列车里都充满着热情、活跃、和谐、幸福，此情此景让每节车厢都显得那么美妙。

瞧！客运服务员为大家准备了什么？原来是充满了祝福的对联。在这美好的时光里，愉快和幸福的氛围让人万分留恋。

问题 3-6：案例中的客运服务人员情绪如何？

问题 3-7：客运服务人员的情绪对服务产生了怎样的影响？

四、客运服务人员常见的情绪问题

（一）焦虑

焦虑是人们预感到不利情境的出现而产生的一种担忧、紧张、不安、恐惧、不愉快等综合情绪体验（图 3-10）。

适度的焦虑可以提高人的警觉水平，引起人的紧迫感，促使人采取合适的方式及行为对付应激，以实现预期目的，有益于适应环境。比如，考核前适度的焦虑可促使人们对考核重视，并激励其做好一切必要的准备。但过度、持久的焦虑则会损伤人的正常心理活动，导致心理疾病的产生，从而影响人们正常的生活和工作。

图 3-10　焦虑的旅客

由于旅客身份的复杂性、运输的快捷性与不可控性的矛盾等，作为与旅客直接接触的客运服务人员，不仅要做好细致的旅客服务工作，每天还要面对形形色色的人，处在晚点等各类突发事件和纠纷事件的风口浪尖，心理压力巨大，极易引发焦虑情绪。比如，有的客运服务人员因制止旅客霸座而被打了耳光；有的安检人员因制止旅客擅闯安检通道而被拳打脚踢；有的工作人员因晚点遭到旅客围攻；还有的工作人员受到旅客刁难，甚至是人身攻击。

（二）冷漠

如果一个人久陷焦虑情绪，内心便常常会被不安、恐惧、烦恼等体验所累。曾经受人欺骗，或因种种原因受人漠视、轻视甚至歧视等，行为上就会出现冷漠的情况。

冷漠是指对他人冷淡漠然的消极心态，主要表现为对人怀有戒心甚至抱有敌对情绪，既不与他人交流思想感情，又对他人的不幸冷眼旁观、无动于衷，没有应有的热情和同情心。所以，如果客运服务人员的心理压力和焦虑情绪长期得不到及时而有效的疏导或调试，冷漠就会成为他们的保护色，与旅客的真实距离会越来越远，而表面上的冷漠掩盖的却是他们深层次的痛苦、无助和强烈的压抑感。

（三）愤怒

愤怒是客观事物与人的主观愿望相违背时产生的一种情绪反应。愤怒发生时，可能导致人体心跳加快、心率失常、高血压等身体反应，同时使人的认识范围缩小，理智分析的能力受到抑制，自制力减弱甚至丧失，行为冲动，常常可能会干出让人后悔的事情或造成不可挽回的损失。比如，人们在愤怒情绪的支配下，往往不顾及他人尊严，不给别人面子，常常严重地损害他人的情感与自尊，造成人际关系间难以弥补的鸿沟。

客运服务人员要注意的是，心理生理学研究表明：愤怒情绪越强烈，对于自己的伤害越大。要学会用另外一些更理智、更为人们所能接受的方式来表达我们的不满态度和抵抗意向。

（四）抑郁

一个人遭遇了引起忧伤或悲痛的情境事件后，如能恰当分析其所遭遇的现实和自身处境，虽然会体验到抑郁，但有足够的自信与自尊，无行为异常，即属于正常的情绪反应。但是，如果抑郁状态导致对情境不能做出如实的判断，并产生偏离社会常规的行为，或行为适应不良，如由于过度的压力感而情绪低落与绝望，失去兴趣，不能胜任正常工作，甚至产生自杀企图，就属于异常的范畴了（图3-11）。

图3-11 抑郁

（五）恐惧

从心理学的角度来讲，恐惧是有机体企图摆脱、逃避某种情境而又无能为力的一种强烈而紧张的情绪体验。

客运服务人员往往会在因出现异常情况而危及行驶安全或旅客围攻等情况下产生恐惧情绪。“只要有旅客激动责骂，要公司高层出来道歉、赔偿等，我们的噩梦就开始了。”一位客运服务人员无奈地说。

当人面对特定事物、特殊环境时会产生不同程度的恐惧情绪，这是人正常的心理反应。但当相应的情境过后恐惧心理难以消除，或对并不可怕的事物产生过分的恐惧心理，或自知恐惧不必要、不正常，却难以自控，感到不安、痛苦、害怕，即是恐惧情绪障碍。

五、客运服务人员情绪情感的调节方法

每个人在不同的情境中会产生不同的情绪，情绪是靠自己管理和掌握的，任何一个人和一件事、一句话和一件物等都能激起人们的情绪。很多情绪来自身外，可心情是自己的，人们可以通过自己的管理来调整不利和不好的状态，走出情绪的困扰。

情绪管理是指通过研究个体和群体对自身情绪和他人情绪的认识、协调、引导、互动和控制，充分挖掘和培植个体和群体的情绪智商，培养驾驭情绪的能力，从而确保个体和群体保持良好的情绪状态，并由此产生良好的管理效果。

（一）情绪管理策略

1. 体察自己的情绪

能体察自己的情绪，了解自己的情绪，是情绪管理的第一步。

人们要时时注意提醒自己体察自己的情绪是什么，比如，当一个人因为朋友约会迟到而对他冷言冷语的时候，问问自己：“我为什么会这样？”如果能够及早觉察出是因为朋友的迟到感到生气，就可以对自己生气的情绪做更好的处理。又如，当和某个人讨论事情时，发现自己的心跳加速，问问自己：“我为什么会这样？”是不是自己快被对方激

怒了？生理反应相对内心体验往往是快速而明显的，若能及早觉察，便可对自己愤怒的情绪做更好的处理。

2. 接纳自己的情绪

很多时候，人的痛苦并不是来源于情绪本身，而是来源于对情绪的抵触。当人们能够了解和接纳自己的情绪时，情绪的困扰便差不多已经解决了大半。

需要明确，情绪只是被划分为积极情绪和消极情绪，其本身没有好坏之分。过度的积极情绪是有害的，而适当的消极情绪是正常有益的。人们要学会接纳各种情绪的存在。

3. 适当表达自己的情绪

虽然情绪无好坏之分，但由情绪引发的行为及结果则有好坏之分。因此，健康的情绪管理不是要去除或压制情绪，而是要学会以适当的方式在适当的情境下表达适当的情绪。

再以朋友约会的例子来看，他之所以生气，可能是因为对方让他担心。在这种情况下，他可以告诉对方："你过了约定的时间还没到，我好担心你在路上发生了意外。""每次约会都迟到，我每次都等着，觉得有些郁闷。"这表达的是自己的情绪，主语是"我"。让对方了解他的迟到会带给对方什么感受，进而调整自己的行为。

什么是不适当的表达呢？例如，他指责对方："每次约会都迟到，你为什么不考虑我的感受?""你真是太不像话了，要说多少次你才能不迟到呢?"当他指责和批评对方时，主语是"你"，会引起他的负面情绪，对方会变成一只刺猬，忙着防御外来的攻击，没有办法站在他的立场去着想，对方的反应可能是："路上堵车啊！有什么办法，你以为我不想准时吗?"如此一来，两人开始吵架，沟通无从谈起，更别提愉快地约会了。

（二）情绪情感调节方法

1. 自我放松训练

自我放松训练是用于克服紧张、焦虑的方法，目的是使身心放松，使生理与心理活动趋于平衡，使人从烦恼、愤恨、紧张、忧愁等不良情绪中解脱出来，达到内心的平静与安宁。

放松的具体方法有多种，如深度呼吸训练、意象训练、静坐与冥思、自我暗示、肌肉放松训练等。

（1）深度放松训练。

这种训练方法简单易行，不受场所、时间、条件等限制，行、站、坐、卧都可以进行。其目的是通过深度呼吸，使身体各组织器官与呼吸节律发生共振，从而达到身心放松的效果。

【实际演练】

请放下手中正在做的事情。如果你身边有椅子，请你全身放松坐在椅子上，调整你的坐姿，直到感觉最好、最舒服为止（图 3-12）。深呼吸，全身放松，体察自己的呼吸与身体各部位的活动情况，注意体会自己的肺部在一张一合地呼吸，呼吸频率逐渐变慢，呼吸的深度逐渐加深，身体紧张的部位在逐渐放松。用感觉去体察身体各部位的状况，持续体验一段时间，当你感到身体各部分不那么紧了，请把注意力再转移到呼吸上来。你似乎在观察自己的呼吸，又似乎没有观察，感觉在有无之间。

图 3-12　呼吸放松训练

请用鼻子深吸一口气，再慢慢地、均匀地呼出，呼气时平和而舒畅。继续呼吸，慢慢地、均匀地、深长地、平和而舒畅地呼吸。

现在让我们教一下呼吸的次数，一、二、三……十；再重新开始，从一数到十。你可以重复数 10 遍、20 遍。注意一下你身体各部位的感觉，各部位感觉在渐渐地与呼吸节律趋向一致。全身的毛孔在随着肺部的一张一合有规律地开合…….

现在你不仅仅是用肺呼吸，而且还在用身体呼吸；吸气的时候，似乎空气从身体的毛孔中吸入，呼气的时候，气体又从毛孔中呼出。吸进新鲜的空气，呼出污浊的气体，一次，二次，三次……渐渐地，你会感觉到身体各个部位很放松，很通畅，仿佛整个身体融入了大自然之中。

（2）意象训练。

意象训练的基本原理就是通过想象轻松、愉快的情境（如大海、山水、瀑布、蓝天、白云等），达到身心放松、情绪舒畅的目的。意象训练的效果取决于想象的生动性和逼真性，意象越清晰生动，放松的效果就越明显。意象训练法不仅能消除疲劳、恢复精力，长时间坚持训练还可以达到开发智力的效果（图 3-13）。

图 3-13　意象训练

【实际演练】

现在请你全身放松，闭上眼睛，静静地观察你头脑中闪现的每一个念头，不要去理它，任它来去。你可以想象秋天的天空，你站在高山云巅，仰望湛蓝的天空，它显得那么高远、那么幽深。天空中，行云如流水，又仿佛是一片片棉絮从天际涌出，悠然从顶空飘过，又消逝在无尽的远处……

你可以重复想象上面描述的情境，渐渐地，一闭上眼睛，你的头脑中便会显现出秋天的景色，一幅动态的、有序的画面。你也可以想象自己所喜欢的静态画面，或是蓝天白云，或是绿水青山等。如果你的想象力很好，你可以做进一步的训练，把想象从外界转向体内。想象自己站在或坐在一朵金色的莲花上，周身金光四射，就像初升的太阳，照耀万物。用这种训练方法做几分钟至几十分钟。坚持不懈地进行训练，经过一段时间你会发现自己的身体素质、学习与工作效率都会发生很大的变化。

（3）静坐与冥想。

有时候，人们可能觉得自己的思维很混乱，如心猿意马，一会儿想到家里，一会儿又想到吃饭，再一会儿想到刚才发生的事情。每个念头之间似乎没什么联系，从一个想法一下子跃到另一个毫无联系的想法，心情因此而烦躁，不能专心地做自己想做的事情。这表明大脑在提醒人们，该平心静气地休息一下了（图 3-14）。

图 3-14　静坐与冥想

【实际演练】

闭上眼睛，先静下心来，反思一下自己现在在想什么。注意出现在你脑海中的每一一个想祛。一个想法出现了，不要去理它，看它往哪里去。这时你会发现，你不理它时，它自己就悄悄地溜掉了。你会感到头脑中很空、很静，这些也不要去管它，随它来去。忽然又一个念头出现了，你还是似注意、似没注意地对待它，自然而然地，它也会像前一个念头一样，一闪即逝了。你就这样去对待每一个念头，不要有意去捕捉它们。慢慢地你会发现，这些念头像行云流水一样，从面前一闪而过，不知飘到哪里去了。这样随想几十分钟，慢慢地睁开眼睛，你会感觉到眼睛比先前明亮多了，思路也清晰了，思维也更敏捷了。这时，你就可以再去做你还没做完的事情了。

（4）自我暗示。

自我暗示是运用内心语言或书面语言的形式来自我调节情绪的方法。这种方法既可用来松弛过分紧张的情绪，使心里平静，也可用来调节身体局部或全身各部位的紧张状态。不仅如此，它对其他情绪问题也同样起作用，而且对生理上的疾病有一定的疗效。此外，这个方法还可用来激励自己的斗志。

【实际演练】

首先要发现自己紧张或不舒服的身体部位，确定紧张或不舒服的症状反应，然后针对症状反应发出良好的信息，如“放松”“清静”别发火”“我能行”等，每次重复3～5遍。如果经过一段时间还感觉到紧张或不舒服，就再重复第二步的过程。

（5）肌肉放松训练。

人通过从头到脚的一步步放松，并结合自我暗示达到消除紧张、焦虑等调节精神状态的目的。

【实际演练】

请你全身松弛下来（平时训练时最好闭上眼睛），全身肌肉、组织器官松而不散，以默念的方式暗示自己“放松”，重复3～5次，再做几次深呼吸，次数不限。先把注意力转移到头部，头顶的肌肉放松，头后部的肌肉放松，颈椎放松；再把注意力转移到胸部，肌肉放松，胸椎放松，内脏器官（心脏、肝脏、肺、脾等）放松；背部肌肉放松，肩部肌肉放松，肩胛骨放松，大臂的肌肉放松，肘关节放松，小臂的肌肉放松，手腕部关节放松，手掌放松，手背肌肉放松，手指各关节放松。其次，把注意力转移到腰部和腹部，腹部肌肉放松，腰部两侧的肌肉放松。腰椎放松，肾脏、胃、肠放松，小腹部放松。再次，把注意力转向下肢，臀部的肌肉放松，大腿内则的肌肉放松，大腿外侧的肌肉放松，膝关节放松，小腿内侧的肌肉放松，小腿外侧的肌肉放松，踝关节放松，脚背的肌肉和骨骼放松，脚掌放松，脚趾各关节放松。最后，全身都放松……

这个过程你可以重复做几次、十几次甚至更多，要看自己是否方便。如果你感到很疲劳或难以入睡，不妨用上述方法试一试，或许会收到不错的效果。

2. 适度宣泄

过分压抑只会使人的情绪困扰加重，而适度宣泄则可以把不良情绪释放出来，可以使紧张的情绪得以缓解。因此，当人们产生不良情绪时，最简单的办法就是适度宣泄。

（1）眼泪缓解法。

在悲痛欲绝时大哭一场可使情绪平静。很多人赞同“男儿有泪不轻弹”的观点，把眼泪当作软弱的表现，其实，这种观点是不可取的。美国精神病学家曾对331名18～75岁的人进行调查，调查结果表明，女性平均每个月哭3～5次，男性平均每个月哭1～4次，他们都感到哭过以后心情好多了。

（2）运动缓解法。

在盛怒、愤慨时猛干一阵活儿或进行剧烈的体育运动，如跑步、游泳、打球等，有助于释放激动情绪带来的能量。

（3）模拟宣泄法。

近年来，一些公司设置了充气模型，让员工发泄不满和压力，员工通过打骂模拟敌人的充气模型，以发泄烦恼、宁心息怒。当然，情绪的疏泄要有节制，要注意方式、方法和时间、场合，尽量不影响别人，不损害自己，否则就会带来新的情绪困扰。模拟宣泄法是较合理的疏导办法（图 3-15）。

图 3-15　模拟宣泄

必须指出的是，在采取模拟宣泄法来调节自己的不良情绪时，人们必须增强自制力，不要随便发泄不满或者不愉快的情绪，而要采取正确的方式，选择适当的场合和对象，以免引起不良后果。

3. 矫正联想法

矫正联想法就是用积极的联想，取代消极的联想，使不良情绪得到矫正。

矫正联想法在生活中被广泛运用。比如，排队买足球票，可能要等到两三小时甚至更长的时间，这时人的心态可能很坏。但是如果联想一下观看精彩绝伦的足球比赛时的那种情景，自己的心态也许会马上“多云转晴”，排队买票也就不以为苦、反以为乐了。

客运服务工作，当然不可能像排队买足球票那么激动人心，但是恰当地运用联想，矫正自己的不良情绪，在客运服务工作中还是能够做到的。比如，旅客态度蛮横、百般挑剔，服务人员也许很不高兴，情绪也很低落，但是为了让旅客感到满意，就必须调节好自己的情绪状态。这时最有效、最快速的调节方法，就是采用矫正联想法。可以通过热情服务而获得旅客赞赏、领导表扬进行矫正。这样一想，自己的不良情绪也许会马上被愉快的情绪所替代。

4. 重构认知法

美国心理学家阿尔伯特·艾利斯认为人的情绪来自人对所遭遇的事情的信念、评价、解释或哲学的观点，而非来自事件本身。情绪和行为受制于认知。图 3-16 中，A 代表诱发事件（Ativating events）；B 代表信念（Beliefs），是指人对 A 的信念、认知、评价或看法；C 代表结果，即症状（Consequences）。艾利斯认为并非诱发事件 A 直接引起了症状 C，A 与 C 之间还有中介因素在起作用，这个中介因素是人对 A 的信念、认知、评价或看法，即信念 B。简单地表示：A（事件）→B（个人认知）→C（情绪反应结果）。艾利斯认为人极少能够纯粹客观地认知经验 A，而总是带着或根据大量的已有信念、期待、价值观、意愿、欲求而进行认知。因此，对 A 的经验总是主观的。换言之，事件本身的刺激情境并非引起情绪反应的直接原因，个人对刺激情境的认知、解释和评价才是引起情绪反应的直接原因。

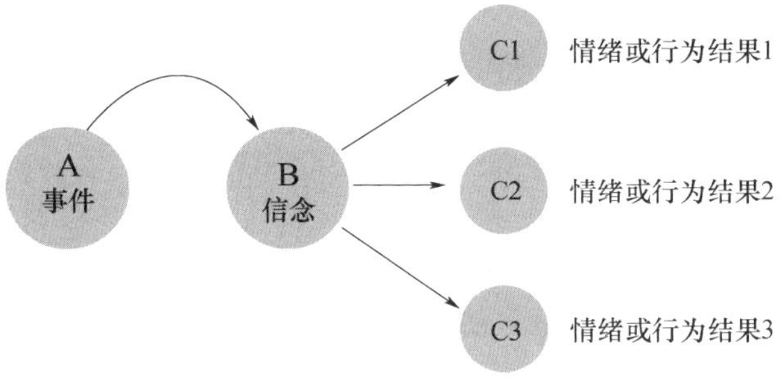

图 3-16　情绪管理 ABC

接着来举例：两个客运服务工作人员在下班的路上，迎面碰到了她们的领导，但对方没有与她们打招呼，径直走过去了。其中一个人可能是这样想的："他可能正在想别的事情，没有注意到我们。即使是看到我们没有理睬，也可能有什么特殊原因。"另一个人却可能有不同的想法："是不是上次顶撞了他一句，故意不理睬我了，下一步可能就要故意找我茬子了。"两种不同的想法就会导致两种不同的情绪和行为反应。前者可能觉得无所谓，该干什么仍继续干什么；而后者可能忧心忡忡，以致无法冷静下来干好自己的工作。从这个简单的例子中可以看出，人们的情绪及行为反应与人们对事物的想法、看法有直接关系。在这些想法和看法背后，有着人们对一类事物的共同看法，这就是信念。这两个人的信念，前者在合理情绪疗法中被称为合理的信念，而后者则被称为不合理的信念。合理的信念会引起人们对事物适当、适度的情绪和行为反应；而不合理的信念则相反，往往会导致不适当的情绪和行为反应。当人们坚持某些不合理的信念，长期处于不良的情绪状态之中时，最终将导致情绪障碍的产生。

【实际演练】

训练项目：艾利斯 ABC 情绪理论中与不合理信念的辩论。

训练目的：帮助同学们找出自己生活中一些不合理的信念，有效地调节情绪。

训练内容：

缘由：在生活中困扰你的是什么？可能是内在的、外在的、真实的、想象的、过去的、现在的、未来的……

结果：由以上事件造成的影响自己的负面情绪和自我挫败的行为是什么？比如焦虑、烦躁、生活没有动力……

不合理的信念：自己在生活中有哪些不合理的信念？比如灾难化，我什么都做不好，我完蛋了；挫折容忍度降低，我无法忍受自己……

辩论：自问，这种信念对我造成了什么影响？有益或只是自我挫败？有什么证据可以支持我的不合理信念？这种信念符合现实状况吗？事情真的糟糕到了不能再糟糕的地步了吗？

5. 寻求社会支持系统

社会支持系统是 20 世纪 70 年代被提出来的心理学专业词汇，指的是个人在自己的社会关系网络中所能获得的，来自他人的物质和精神上的帮助和支援。一个完备的支持系统包括亲人、朋友、同学、同事、邻里、老师、上下级，合作伙伴等，还包括由陌生人组成的各种社会服务机构。

大量心理学研究表明，社会孤独者身心疾病和自杀的发生率比高社会支持者要高得多。由此可见，社会支持系统对降解心理压力、维护身心健康有重要意义和巨大作用。良好的社会支持有利于健康，而劣性社会关系的存在则损害身心健康。当一个人遇到危机的时候，他的社会支持系统越强大，越有助于降低心理紧张，度过危机。

【实际演练】

测测你的社会支持系统：

1. 学校的老师和领导，你最喜欢谁？
2. 为商讨一个新观念，你找谁？
3. 郊游消遣，谁可与你为伴？
4. 经济拮据时，你向谁开口？
5. 被困孤岛，你渴望谁在身边？
6. 倒在病床，你希望谁照顾自己？
7. 当你恋爱失败时，你向谁倾诉？
8. 若你与家人吵架，你向谁倾诉？
9. 当你获得某项成功，你会与谁分享？
10. 若你考试成绩不理想，你会向谁说？
11. 当你在功课上有问题时，会向谁请教？
12. 当你面临选择，会向谁征求意见？
13. 如你长期外出，你的用品托谁照看？
14. 搬家时，你找谁帮忙？
15. 为完成一项重要使命，你找谁？

看看上面列出的问题中，你列出了多少个人？

如果少于3人，你的社会支持系统很不完善；

如果是3～5人，你的社会支持系统不太完善；

如果是5～8人，你的社会支持系统比较完善；

如果是8人以上，你的社会支持系统非常完善。

【案例厅】

2018年1月，某客运段列车自发车后就开始断断续续临停、慢行、待避。时间一分一秒地流逝，列车在旅途中一个小站停了两个多小时，还是纹丝不动。有三个车厢已经没有水了，多个厕所因车内无水冲刷已经无法使用。旅客的情绪非常不稳定。硬座车厢里，有一对双胞胎儿童一直哭闹不停，奶奶哄不住又心疼孙子，就陪着在车厢里着急，个别旅客嚷嚷着要下车，更有甚者试图砸开车窗跳出去……

列车长联系客运调度台后，得知由于接连好几天的暴雨造成广州站积压列车太多，情况很不乐观。列车长立即启动晚点应急预案：先用广播向旅客解释接连几天暴雨，接轨松动，隧道有安全隐患，晚点运行是为了列车安全，然后组织全体客运服务人员轮流下车厢巡视，安抚旅客情绪，并交代一定要打起精神，控制自己的情绪，避免与旅客发生冲突。

问题3-8：案例中旅客产生了哪些情绪？客运服务人员该怎么做？

问题3-9：在这种情况下，客运服务人员该如何调控自己的情绪？

工作任务一

制作 PPT，阐述健康情与不健康的绪对服务的影响。

工作任务二

制作 PPT，阐述客运服务人员常见的情绪情感问题。

工作任务三

制作 PPT，阐述客运服务人员情绪情感的调节方法。

☞**任务评价**

客运服务人员情绪情感的调节方法：

<table>
<tr><td>项目任务</td><td colspan="5">掌握客运服务人员情绪情感的调节方法</td></tr>
<tr><td>班级</td><td></td><td>姓名</td><td></td><td>评价时间</td><td></td></tr>
<tr><td colspan="6">【考核内容】</td></tr>
<tr><td>考核项目</td><td colspan="3">考核标准</td><td>分值</td><td>得分</td></tr>
<tr><td>情绪对服务的影响</td><td colspan="3">健康与不健康的情绪对服务的影响</td><td>15</td><td></td></tr>
<tr><td rowspan="2">情绪情感的调节</td><td colspan="3">客运服务人员常见的情绪情感问题</td><td>10</td><td></td></tr>
<tr><td colspan="3">掌握客运服务人员情绪情感调节的方法</td><td>25</td><td></td></tr>
<tr><td rowspan="3">制作内容</td><td colspan="3">制作能清晰展示 PPT 的演讲稿</td><td>15</td><td></td></tr>
<tr><td colspan="3">要求类型分析准确，文字流畅</td><td>15</td><td></td></tr>
<tr><td colspan="3">做到内容熟练、图文并茂</td><td>20</td><td></td></tr>
<tr><td colspan="6">指导教师意见：</td></tr>
<tr><td colspan="6">说明：1. 建议采用四级评分制（如 90%～100%，80%～90%，60～80%，<60%）。
2. 主要采用小组互评的方式进行评价，教师最后进行参考评分。</td></tr>
</table>

任务四　轨道交通运输服务中情绪情感的运用

☞**任务导入**

正常情况下旅客的情绪表现一般都与乘车出行有关。运营状态正常时，为出行旅客设计的正常流动路径应该是，进站—购票（通勤职工免此程序）—候车—闸机安检—进入站台—上车—到站—下车—离开站台—出站检票—离开车站，旅客出行的顺利与否完全取决于各部门的配合协调。一旦某环节出现专业故障或衔接不畅，就会直接影响到旅客出行的方便和顺利，从而造成旅客的心理波动，导致旅客出现以下几种常见的情绪。

☞知识准备

一、旅客常见的情绪情感表现

（一）疲劳情绪

疲劳是人们连续学习或工作后，效率下降的一种现象。对个体而言，疲劳是一种主观感觉的不适，在客观上往往表现为在相同的条件下，失去其完成原来所从事的正常活动或工作的能力。疲劳可以分为生理疲劳与心理疲劳：前者是疲劳在生理上的反应，后者是疲劳在心理上的反应。

当人感觉疲劳时，在生理上往往出现头痛、乏力、失眠、食欲减退等不适现象；在心理上则有不想听任何事、懒得做本应自己做的事等想法。

旅客的疲劳表现有比较明显的特点：步履蹒跚、动作迟缓、目光呆滞、显得懒洋洋，对外界的事物表现得漠不关心，总想找个座位休息（图 3-17）。

图 3-17　疲劳的旅客

处于疲劳情绪中的旅客是最不愿意被打扰的，主观上希望车厢不太拥挤，在车站等候的时间少些、列车运行快些。如果此时发生非正常运营事件，一般较难取得此类旅客的理解和配合，因此铁路客运服务人员在处理这类情况时，必须充分理解旅客的疲劳状况，尽可能减少他们的体力支出，明确告知发生的运营情况和恢复运营所需的时间，力争最大限度地取得旅客谅解。

（二）焦虑情绪

焦虑是指一种缺乏明显客观原因的内心不安或无根据的恐惧，是人们遇到某些事情（如挑战、困难或危险等）时出现的一种正常的情绪反应。例如，当某事物的价值在将来可能会发生明显降低时，就会对该事物产生一种焦虑感。焦虑是由紧张、焦急、忧虑、担心和恐惧等感受交织而成的一种复杂的情绪反应。它可以在人遭受挫折时出现，也可能没有明显的诱因，即在缺乏充分客观根据的情况下出现某些情绪紊乱。

一般而言，旅客产生焦虑的最直接因素是“生活中的压力”，所谓压力是指，个体需要在心理或生理上付出额外能量来面对和应付的情况。造成压力状况的事物便称为压力事件。个体承受的压力事件也有可能是多项事件同时出现，因此在知觉和认知上便有了安危和急、缓、轻、重的判断，尔后在心理和生理上便出现了不同程度的反应，焦虑反应便是其一。因为生活中的压力是始终存在的，因此产生焦虑的“源”也是客观存在的。

旅客在列车发生运营故障、造成运营延误或停运而又没有及时收到相关信息时，往往会产生焦虑情绪。旅客正常的焦虑情绪比较集中地表现为“坐立不安”“来回走动“四处张望”“自言自语”“频频问讯”等外在行为。对此，服务人员应该及时找出引发旅客焦虑的原因，采用广播、通告等形式消除旅客的焦虑源，对个别旅客也可以采用有针对性地及时提供安慰性的语言或给予理解和安抚的目光，这些都能有效减轻旅客的焦虑反应。

某些旅客的焦虑反应，尤其是胆汁质类型的旅客，在某些极端情况下，还会发展成歇斯底里大吵大闹的现象，虽然这种现象在广大旅客中属于少数，但一旦发生，其影响是极坏的。因此铁路客运服务人员要保持高度警惕，以免局面失控。

（三）恐惧情绪

恐惧心理是每个人或多或少都有的特征，是在真实或想象的危险中，个人或群体深刻感受到的一种强烈而压抑的情感状态，其表现为神经高度紧张，内心充满害怕，注意力无法集中，脑子里一片空白，不能正确判断或控制自己的举止，变得容易冲动。

在正常情况下，高速铁路旅客一般不会产生恐慌情绪，只有在发生非正常运营事件，而旅客又不被告知具体信息时，才会引起恐慌。

例如，列车在车站停留时间已经超出了旅客认为的平时正常停车时间，但仍然没有发车迹象，车站和列车又没有相应的广播告示，在旅客中就会慢慢地滋生一种怀疑情绪并逐步演变成猜测，进而上升为恐惧感。当极度恐慌的情绪在大多数旅客中成为主流时，也就是客流组织面临失控的临界点。由于恐惧心理在人群中具有感染性，其蔓延速度与旅客对危险性的预测和心理承受能力有关。恢复正常客流秩序的最有效手段就是尽快以权威身份向旅客告知造成当前局面的原因及目前采取的措施，对旅客的配合提出明确要求。

正因为恐惧是人类逃避危险的本能，是人类与生俱来、先天就具有的心理特征，因此人类的恐惧本能可以使他们远离危险源，获得安全感。

在铁路运输中，无论在站内还是在区间，对个别旅客的恐惧情绪如果不能及时消除，往往就会在其他旅客中弥漫和扩散，造成群体性惊慌，甚至使客运秩序失控。一旦运营中遇到突发事件，客服人员必须及时消除旅客的恐惧情绪。最有效的消除旅客恐惧情绪的办法是让他们认识到：事态已经得到控制、危险源已经消除、整个局面尽在掌控之中；对于时难以消除危险源的事件，则可以使他们及时了解危险源之处所和正确的规避方法，一般就能因势利导地对处于恐惧中的人群进行合理的组织和疏导。

（四）怀疑情绪

由于怀疑是不相信事物的表面现象，产生了寻找事物真相的心理冲动，这就产生了人的释疑行为。怀疑本身没有优劣之分，也没有对错的区别。如果在铁路客运工作中，由于个别旅客的怀疑情绪，进而引发“挑战运输管理权威”的行为，必然就有不服从客运服务人员管理的实际后果，造成公共秩序混乱。

心存疑问是怀疑情绪产生的根源，要消除怀疑，最有效的方法就是通过权威部门发布信息、进行公示、让事实说话。

【案例厅】

2005年2月18日上午9时55分，韩国东部著名的纺织服装城市大邱市第1079号地铁列车上乘坐的大部分是老人和孩子。他们或翻看手中的书报，或闭目养神，车厢内显得非常安静。

然而，列车在市中心的中央路地铁站停住时，第三节车厢里一名56岁的男子从手提包里取出一个装满易燃物的绿色塑料罐，并拿出打火机试图点燃，车内几名乘客立即上前阻止，但这名男子摆脱阻拦，把易燃物洒到座椅上，并点燃座椅。顿时，整节车厢燃起了大火，并冒出了浓烟。

问题3-10：请分析该趟地铁上的旅客会产生哪些不良情绪。

二、调控旅客不良情绪的方法

（一）实施情感化服务

情感化服务是指在常规服务之外，应加入特殊服务感动旅客，使旅客感觉真情和亲情。其具体表现形式之一是，它要求我们在客运服务中不但要做到规范服务，更要在语言、眼神、行动等方面真正协调一致，设身处地为旅客着想，以主人翁的姿态真正为旅客创造一种宾至如归的感觉。

（二）合理补偿，做好配套服务

当列车晚点时，铁路运输公司的服务质量显得更为重要，应为旅客提供实质性的相关配套服务。一是要处理好退票、改签的问题，二是要解决好行李寄存的问题，三是要做好损害赔偿工作。

（三）沟通信息，及时告知

客运服务人员应加强自身礼仪修养，从旅客的角度体会他们的情绪，用理解的态度建立良好的沟通渠道（图3-18）。据调查显示，当列车晚点后，旅客最期望得到的是具体发车的时间及晚点情况的实时报道。如何解决没有进一步说明，也没有服务人员做主动解释或安抚工作，在缺乏这些基本情况的沟通下，旅客会有被忽视的感觉，自然会产生消极的情绪，往往会让事情恶化。

图3-18　沟通信息

（四）先调整情绪，后解决问题

情绪具有感染性，感染的结果是积极的情绪促成良性循环，消极的情绪促成恶性循环。因此，客运服务人员应本着从我做起的原则，主动用好的情绪去感染旅客，促成良性循环。面对情绪激动的旅客，务必掌握“先调整情绪，后解决问题”的窍门，首先使自己不受其坏情绪的影响，对旅客说的每一句气话，甚至每一句诅咒都不能计较，也不能还口，只能装作听不见。面对一些打着投诉的旗号来发泄平时的怨气和压抑的心情的旅客，服务人员应及时请公安人员维持现场秩序，防止因无人监管而使旅客寻衅滋事，使事态进一步恶化。一旦遇到情绪过于激动的旅客，客运服务人员也应保护好自己，避免受到伤害。

旅客来源复杂，不排除极少数旅客品行不端，在接受客运服务服务过程中，总是在寻找各种机会和借口寻衅滋事。一旦出现一些服务缺陷，他们马上就会跳出来扩大事态，并提出过分的要求和赔偿目标，不达目的誓不罢休。这不仅会影响正常的服务秩序，也会引起旅客群体不稳定的消极情绪状态。因此，客运服务人员应以敏锐的眼光观察周围的一切，掌握和控制旅客的情绪，做到眼观六路、耳听八方。当旅客的消极情绪露头时，就应立即采取有效措施进行控制。

【案例厅】

2014 年 7 月 31 日广州到深圳的 G6141 次列车上，客运服务人员在组织旅客上车过程中，有一位旅客在双手梳理头发时，坐在其大腿上的 23 个月男孩因重心不稳摔倒在地上，又碰巧撞到座椅下的行李挡杆上，额头被划出 2 厘米的伤口，当场流血不止。

问题 3-11：如果你是该趟列车的客运服务工作人员该，如何调控旅客的情绪？

工作任务一

制作 PPT，阐述旅客常见的情绪情感表现。

工作任务二

制作 PPT，阐述调控旅客不良情绪的方法。

☞任务评价

轨道交通运输服务中情绪情感的运用：

<table>
<tr><td colspan="2">项目任务</td><td colspan="4">掌握调控旅客不良情绪的调整方法</td></tr>
<tr><td>班级</td><td></td><td>姓名</td><td></td><td>评价时间</td><td></td></tr>
<tr><td colspan="6">【考核内容】</td></tr>
<tr><td colspan="2">考核项目</td><td colspan="2">考核标准</td><td>分值</td><td>得分</td></tr>
<tr><td colspan="2">旅客常见的情绪情感</td><td colspan="2">旅客常见的情绪情感及表现</td><td>15</td><td></td></tr>
<tr><td colspan="2" rowspan="2">调控旅客不良情绪</td><td colspan="2">调控旅客不良情绪的方法</td><td>10</td><td></td></tr>
<tr><td colspan="2">根据旅客不良情绪提供优质的服务</td><td>25</td><td></td></tr>
<tr><td colspan="2" rowspan="3">制作内容</td><td colspan="2">制作能清晰展示 PPT 的演讲稿</td><td>15</td><td></td></tr>
<tr><td colspan="2">要求类型分析准确，文字流畅</td><td>15</td><td></td></tr>
<tr><td colspan="2">做到内容熟练、图文并茂</td><td>20</td><td></td></tr>
</table>

续表

指导教师意见：
说明：1. 建议采用四级评分制（如 90%～100%，80%～90%，60～80%，＜60%）。 2. 主要采用小组互评的方式进行评价，教师最后进行参考评分。

☞思考与练习

一、不定项选择题

1. 情绪的构成包括（　　）。

A. 生理唤起　B. 认知解释　C. 主观感受　D. 行为表达

2. 情绪的作用包括（　　）。

A. 信号功能　B. 动机功能　C. 组织功能　D. 破坏功能

3. “喜极而泣”“乐极生悲”“破涕为笑”等属于情绪情感的（　　）。

A. 适应性　B. 对立性　C. 两极性　D. 复杂性

4. 有研究表明，在人与人的交往中，影响成功的因素有（　　）。

A. 人的个性　B. 语音语言　C. 语调　D. 肢体语言

5. 不良的情绪对服务的影响有（　　）。

A. 旅客关系紧张　B. 睡眠不好　C. 血压升高　D. 工作效率降低

二、填空题

1. 根据情绪表现，可以分为（　　）、（　　）、（　　）。

2. （　　）是人类特有的与人的社会和精神需要相联系的心理体验，它反映着人们的（　　）和（　　），具有明显的社会历史性。

3. 许多时候情绪与情感以（　　）和（　　）相同的方式共同表达人的感情。

4. 愤怒是当（　　）与（　　）相违背时产生的一种情绪反应。

三、简答题

1. 简述客运服务人员常见的情绪问题。

2. 简述客运服务人员情绪情感的调节方法。

3. 简述旅客不良情绪的调整方法。

四、案例分析题

阅读下列案例，回答问题。

2018 年 8 月 21 日上午，从济南站开往北京南的 G334 次列车上，一名女乘客遇到一名男乘客霸占别人靠窗座位，不愿意坐回自己的座位。当事女乘客叫来列车长后，该男子自称“站不起来”。列车长问：“是否身体不舒服或者喝酒了？”该男子回答：“没喝酒。”列车长问：“没喝酒怎么站不起来？”该男子回答：“不知道。”并表示到站下车也站不起来，需要客运服务人员帮助找轮椅。他拒绝回到自己的座位，并称让女乘客要么站着，要么坐他的位置，要么去餐车。

座位被占的女乘客是一名刚毕业的女生，从济南西站上车，而当事男乘客的座位与该座位仅隔着一两排。最后，列车长和乘警劝导男乘客无果，女乘客被安排到商务车厢的座位，直到终点。

事发当天，该男乘客在自己的微信朋友圈里向朋友描述当天的经历："今天上午我又把一车厢人要得团团转，包括列车长、乘警、一车厢乘客，不知道天高地厚的小姑娘。"

1. 请分析女乘客与客运服务人员的情绪情感。

2. 如果你是该趟列车的客运服务人员，该如何调控自己和女乘客的情绪？

答案：

一、1. ABCD。2. ABC。3. C。4. BCD。5. AD。

二、1. 心境、激情、应激。2. 情感、社会关系、生活状况。3. 形式、内容。4. 客观事物、人的主观愿望。

三、略。

四、略。

☞**任务实施**

实训：旅客情绪体验

一、活动目的

深入认识铁路旅客的情绪情感。

二、活动准备

1. 全班同学分成若干组（5～6 人一组）。

2. 教师设计一些情境，也可以学生自编：

（1）一位旅客的列车已经晚点 2 小时。

（2）一位旅客着急上车，与另一位女性旅客发生碰撞，二人产生争执。

（3）列车上，两位旅客争抢大件行李存放处的最后一个空位。

（4）列车运行中，一位头等车厢的旅客很疲惫地睡着了，客运服务人员三次叫醒他，问是否需要喝点儿饮料。

（5）一位老年旅客在客运服务人员的搀扶中上下车。

（6）一位旅客在下车时候被告知行李破损。

……

3. 各个小组抽签选择一个情境，小组讨论并准备 10 分钟后（教师也可以提前布置，给予充分的时间准备）进行表演（小组成员全部参加，一部分扮演旅客，另一部分扮演服务人员）。

三、活动过程

各组轮流表演，一组在表演时，其他组的同学注意分析情境中表现了旅客怎样的情绪和情感，客运服务人员是否通过旅客的语言、表情、姿态等判断出旅客的情绪情感，客运服务人员提供了怎样的服务，他（她）这样的服务（语言、动作、神态等）哪些地方可取，哪些地方有待改进。

要求：

1. 每一个情境都要展开，如果时间充裕，可以编写成一个小剧本再表演。
2. 注意细节，如广播的内容、到达站、车厢外的温度等都可以具体化。
3. 可以准备一些道具或安排一些陪衬角色。
4. 注意语言、语气、表情等尽量自然真实。

四、活动总结

活动完成后，每人写一篇300字以上的心得体会。

☞**项目学习评价**

学习完本项目后，请根据自己学习所得，结合下表内容进行评价。分A、B、C三个等级进行评价。A：充分；B：一般；C：不足。

评价内容	评价方式			评价等级
	自评	小组评议	教师评议	
课前预习本项目相关知识、相关资料				
掌握情绪情感的基础知识				
准确分辨旅客的情绪情感				
掌握客运服务人员常见的情绪情感问题				
客运服务人员调控自身的情绪情感				
旅客情绪情感的调控				
情绪情感的区别与联系				
参与教学中的讨论与练习，并积极完成				
善于与同学合作				
学习态度及完成作业情况				
总评				

项目四　个性与轨道交通运输服务

☞项目引言

自然界没有完全相同的两棵树，甚至没有完全相同的两片树叶，人世间也没有完全相同的两个人。由于人的遗传特征不同，尤其是生活环境、生活条件、人生经历、受教育等状况不同，每个人都有不同于他人的个性，显示出人与人之间的个性差异。这些差异包括个性差异、气质差异、能力差异等。每个人都是独特的个体，都有自己独特的个性。正因为人的个性不同，面对同一件事情时的心理状态和处理方式都会有差异。本项目主要探讨铁路运输服务人员在为旅客服务时，了解和掌握不同旅客的个性和特征，培养服务人员良好的个性，以更好地为旅客服务，进而提高服务质量。

☞项目任务书

名称	个性与轨道交通运输服务	
学习目标	知识目标	了解个性、个性特点、个性的构成等基础知识 熟悉影响个性形成的因素 掌握气质与性格的关系 了解不同旅客的个性和特征 掌握培养良好个性的方法
	技能目标	能准确判断自己的性格与气质类型 能运用气质心理学知识对旅客群体进行有针对性的服务 能运用性格心理学知识对旅客群体进行有针对性的服务 能培养客运服务人员良好的个性
	素质目标	具有良好的社会公德、职业道德和专业基本素质 具有强烈的法律意识、安全意识与自我保护意识 具有沟通协调能力、语言表达能力、管理能力 培养团结协作、热情有礼、认真细心、遇事不惊的职业素养
学习内容	任务一　揭开个性的神秘面纱 工作任务一　个性的特点及影响个性形成的因素 工作任务二　个性的构成 任务二　分析客运服务人员的个性 工作任务一　气质施测及结果分析 工作任务二　性格施测及结果分析 任务三　培养客运服务人员良好的个性 工作任务一　客运服务人员的气质要求 工作任务二　客运服务人员的性格要求 工作任务三　客运服务人员良好个性的培养方法 任务四　轨道交通运输服务中个性的运用 工作任务一　性格差异与服务技巧 工作任务二　气质差异与服务技巧	

续表

任务描述： 客运服务人员应了解个性的特点、构成、影响个性形成的因素及掌握气质与性格的判断方法；能准确判断旅客所属的气质和性格，熟练地运用个性的心理学知识为不同类型的旅客群体提供有针对性的服务；掌握个性的心理学基础知识，能运用个性的心理学知识培养一支具有良好个性的客运服务团队，并能针对团队中不同个性的客运服务人员进行有效的管理。 任务完成时要求做到： 1. 阐述个性的类型，准确判断旅客所属个性类型。 2. 针对旅客所属个性类型，提供有针对性的服务。 3. 针对不同个性的客运服务人员进行有效管理。 4. 掌握培养一支具有良好个性的客运服务团队的方法。 任务实施说明： 1. 将授课班级进行分组，5～6 人为一个学习团队。 2. 每个学习团队组织学习，进行项目任务分析、任务分配。 3. 资料学习、相关知识准备，完成项目的资讯环节。 4. 现场教学、资源利用，完成项目的实训环节。 5. 学习团队按照任务分派制作相关的 PPT，派代表上台进行汇报。

【案例导入】

1978 年，75 位诺贝尔奖获得者在巴黎聚会。有人问其中一位：“你在哪所大学、哪所实验室里学到了你认为最重要的东西呢?”

出人意料，这位白发苍苍的学者回答说：“是在幼儿园。”那个人又问：“在幼儿园里学到了什么呢?”学者答：“把自己的东西分一半给小伙伴们，不是自己的东西不要拿，东西要摆放整齐，饭前要洗手，午后要休息，做错事要表示歉意，学习要多思考，要仔细观察大自然。从根本上说，我学到的东西就是这些，当然也正是这些让我今天能够在这里跟大家见面。”

这位学者又说：“从小养成的好习惯一直伴随我到今天，通过这些习惯，我养成了一个比较不错的性格，而这些不错的性格为我今天取得这些成就奠定了基础。”

老子曰：“知人者智，自知者明。胜人者有力，自胜者强。”这强调的是人对自身的认识。那么，人如何认识自己?

问题 4-1：自我认识的途径有哪些？自己的气质和性格有什么特征?

任务一　揭开个性的神秘面纱

☞任务导入

在日常的人际交往中，人们会发现，有的人行为举止、音容笑貌令人难以忘怀；而有的人则很难给别人留下什么印象。有的人虽只见过一面，却给别人留下了长久的回忆；而有的人尽管长期与别人相处，却从未在人们的心目中掀起波澜。出现这种现象的原因就是个性在起作用。一般来说，鲜明的、独特的个性容易给人以深刻的印象，而平淡的个性则很难给人留下什么印象。个性贯穿着人的一生，影响着人的一生，那么跟随笔者一起揭开个性的神秘面纱吧。

☞知识准备

一、个性与个性特点

（一）个性

“个性”一词源于拉丁文“person”，意为演员面具，用于表现戏剧人物身份和性格特征，与我国京剧脸谱类似（图 4-1），后来被心理学家引用来表示能在人生舞台上扮演社会角色的心理和行为特征。关于个性的概念，心理学家众说纷纭，没有统一的意见。一般来讲，个性是指个体在先天素质基础上，在一定历史条件下和社会实践活动中，形成和发展起来的、具有稳定性和倾向性的心理特征的综合。西方也有人把个性称为人格。个性代表了一个人所具有的一定意识倾向性，这种倾向性体现为个体的兴趣、爱好、需要、动机、信念、理想等，还体现为人与人之间的能力、气质、性格等方面存在的个别差异。

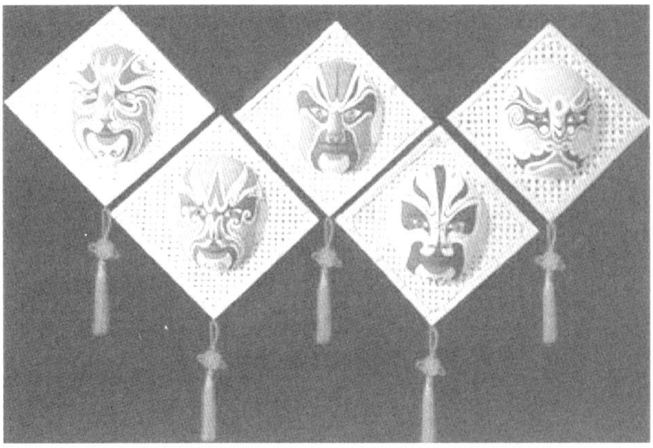

图 4-1　京剧脸谱

（二）个性特点

从个性的定义中可以归纳出个性的如下特点。

1. 自然性与社会性的组合

先天素质（个体的自然属性）与后天环境（个体的社会属性、如环境、教育等社会因素的影响）是个性形成发展的必备条件，缺一不可。其中，先天素质是物质基础，是可能性条件；后天环境是现实性条件，起决定性作用。

2. 整体性

个性是由相互联系、相互制约的各种各样的心理特征与心理倾向组合而成的整体。个性包括需要、动机、兴趣、能力、气质、性格等方面，是一种心理组织，是一种内在的心理特征结构。正因为如此，人才能够在生活活动中把自己的精神风貌完整地展现在世人面前。

3. 稳定性

人的个性一旦形成，就会比较稳定。个性能在不同时间和场合的行为中表现出来。但这种稳定性并不意味着不会改变。为了适应已发生变化的生活环境，个性是会变化的，只是难度较大、速度较慢，如气质、性格的变化就是如此。

4. 独特性

个性的独特性是指人与人之间的心理和行为是各不相同的。由于每个人的遗传特征和后天环境都有各自的特点，所以每个人的个性必然与他人的不同（图 4-2）。当然，强调个性的个体差异性并不意味看否认个性也包含着共同性的一面。因为人总是在一定的群体中工作、生活、学习，长期的相互环境和实践，必然使个体的个性融入群体的一些共同心理特征。例如，某一民族的成员，他们的个性中就包含本民族共同的心理特征。像蒙古族同胞就具有粗犷、豪放、热情的共同性格。共性融入个性之中，并在个性中得到表现。

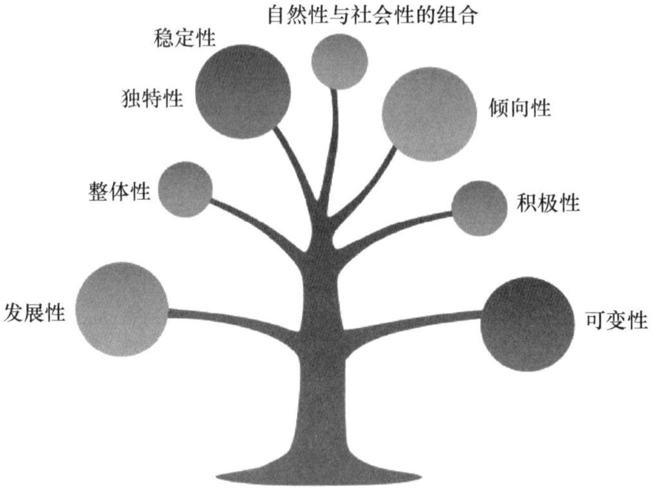

图 4-2　个性的特点

5. 倾向性

倾向性具体表现为想什么，不想什么，做什么，不做什么。个性倾向性指导、支配着人的心理活动和行为，也影响着人的心理特征的形成与改造。正因为如此，个体的某些心理特征和行为就具有社会评价意义，即道德评价意义。人们是通过个体行为的道德评价来评价、判断其个性的优劣的。

6. 积极性

个性是一种动力倾向系统的结构，不是被客观环境任意摆布的消极个体。个性具有积极性和能动性，并统率全部心理活动去改造客观世界和主观世界。

7. 发展性

婴儿出生后并没有形成自己的个性。随着其成长，其心理不断丰富、发展、完善，逐渐形成了其个性。从形式上讲，个性不是预成的，而是心理发展的产物。

8. 可变性

人的个性并非一成不变，个性的稳定性并没有否定其可变性。现实生活是复杂的，人们之间的交往也是多变的，而个性特征作为人的生活历程的反映，必然随着社会环境的变迁而发生相应的变化。另外，重大事件及环境的突变都可能改变一个人的个性。

二、影响个性形成的因素

个性的形成和发展过程，是人的社会化过程。人作为生物性个体，一来到世界上就置身于复杂的社会环境之中，从幼年到老年，个性在社会化过程中持续地形成与发展。所谓社会化是指在特定的社会与文化环境中，个体形成适应该社会与文化的个性，掌握该社会所公认的行为方式。通过社会化过程，个体从自然人转化为社会人，形成区别于其他人的综合性心理特征。影响个性形成的因素有如下方面。

1. 遗传素质

个性虽然不是先天性的，但它与人的遗传素质、高级神经括动类型及某些内分泌活动水平有直接关系（图 4-3）。身高、体重、体型、外貌等特点，往往由于社会评价不同而影响一个人个性的形成，尤其是有生理缺陷的儿童，容易形成内向、孤僻、急躁等性格。

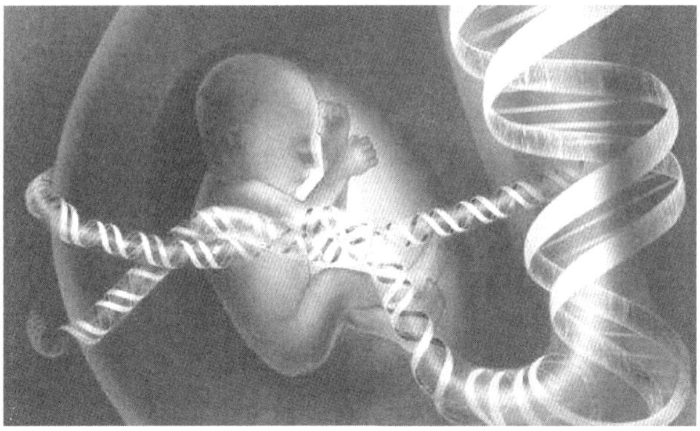

图 4-3　遗传因素

2. 生活环境

环境是指对人发生影响的自然界和人类社会，它制约着人的个性形成的方向、性质、快慢和水平，社会制度、文化背景、经济地位、风俗习惯、道德风尚都对人的性格形成有显著影响。

3. 家庭和学校影响

家庭因素最早影响人的个性的形成。家庭中人与人的关系，儿童在家庭中的地位，父母对子女的教育方式，父母的个性等，对子女个性形成影响很大，如家庭对独生子女的溺爱而使孩子形成自私、任性、缺乏独立性等不良性格。另外，学校的教育、校纪班风、教师思想品德、言谈举止，无不潜移默化地影响着学生的个性形成。

4. 文化因素与社会阶级影响

人的世界观、价值观、思考问题的方法及行为模式等都与文化素质密不可分。社会文化影响着社会成员共同的行为模式，同一文化层次的人群中，多数人具有共同的心理特征。但在同一文化社会中，不同阶级和阶层的人，对外界事物的认识及反应方式各不相同。

从以上内容来看，个体个性的形成和发展的影响因素是多方面的，各个因素之间相互依存，共同决定着个体的个性。从综合辩证的原则出发，笔者认为个性的形成和发展以遗传素质为基础，以社会因素为重要条件，以社会生活实践为主要途径。

三、个性的构成

从构成方式上讲，个性其实是一个系统，由三个子系统组成（图 4-4）。

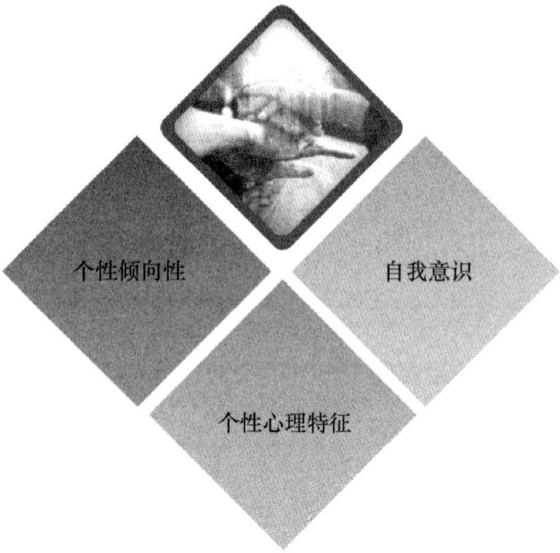

图 4-4　个性的构成

（一）个性倾向性

个性倾向性是指人对社会环境的态度和行为的积极特征，包括需要、动机、兴趣、理想、信念、世界观等。个性决定着人对现实的态度，决定着人对认识活动的对象的趋向和选择。个性倾向性是个性系统的动力结构，它较少受生理、遗传等先天因素的影响，主要是在后天的培养和社会化过程中形成的。个性倾向性中的各个成分并非孤立存在的，而是互相联系、互相影响和互相制约的。其中，需要又是个性倾向性乃至整个个性积极性的源泉，只有在需要的推动下，个性才能形成和发展。动机、兴趣和信念等都是需要的表现形式。而世界观处于最高指导地位，它指引着和制约着人的思想倾向和整个心理面貌，它是人的言行的总动力和总动机。由此可见，个性倾向性是以人的需要为基础、以世界观为指导的动力系统。

（二）自我意识

自我意识是指自己对所有属于自己身心状况的意识，包括自我认识、自我体验、自我监控等方面，如自尊心、自信心等。自我意识是个性系统的自动调节结构，而心理过程是个性产生的基础。

（三）个性心理特征

个性心理特征是指人的多种心理特点的一种独特结合。其中包括完成某种活动的潜在可能性的特征，即能力；心理活动的动力特征，即气质；对现实环境和完成活动的态度上的特征，即性格。个性心理特征是个性系统的特征结构。在这里，主要分析个性的如下心理特征。

1. 气质

（1）气质的含义。

气质是指在人的认识、情感、言语和行动中，心理活动发生时力量的强弱、变化的快慢和均衡程度等稳定的动力特征，它是人个性中最稳定的特征。具体表现为情绪体验的强弱、意志力的大小、注意力集中时间的长短、行动反应或思维的快慢等。人的气质差异是先天形成的，受神经系统活动过程的特性制约。如孩子刚一落生时，最先表现出来的差异就是气质差异，有的孩子爱哭好动，有的孩子平稳安静。不过，气质相同的人，往往会在不同活动内容中，表现出内容相同的动力特征。如具有反应灵敏气质的同学，会在学习、体育活动中表现突出。

气质是与生俱来的，无好坏之分，不受个体活动目的、动机、内容的影响。它不会影响一个人的成就，任何气质类型的人，只要经过自己的努力都能在不同实践领域中取得成就。

（2）气质的类型。

公元前5世纪，古希腊著名医生希波克拉底（Hippocrates）首先提出了气质学说。他认为，人体内有血液、黏液、黄胆汁、黑胆汁四种体液。哪种体液成为主导成分，便成为哪种气质。他把人的气质分为四种类型：多血质、黏液质、胆汁质和抑郁质。

a. 多血质。

神经特点：感受性低，耐受性高，不随意反应性强，具有可塑性，情绪兴奋性高，反应速度快而灵活。

心理特点：活泼好动，善于交际，思维敏捷，容易接受新鲜事物，情绪情感容易发生也容易变化和消失，容易外露，体验不深刻。

典型表现：多血质又称活泼型，敏捷好动，善于交际，在新的环境中不感到拘束，在工作、学习上富有精力而效率高，表现出机敏的工作能力，善于适应环境变化。在集体中精神愉快，朝气蓬勃，愿意从事合乎实际的事业，能对事业心驰神往，能迅速地把握新事物的特点，在有充分自制能力和纪律性的情况下，会表现出巨大的积极性。兴趣广泛，但情感易变，如果事业上不顺利，热情可能消失，其热情消失速度与投身事业一样迅速。从事多样化的工作往往成绩卓越。

合适的职业：导游、推销员、节目主持人、演讲者、外事接待人员、演员、市场调查员、监督员等。

b. 黏液质。

神经特点：感受性低，耐受性高，不随意反应性低，外部表现少，情绪具有稳定性，反应速度快但灵活。

心理特点：稳重，考虑问题全面；安静，沉默，善于克制自己，善于忍耐，情绪不易外露，注意力稳定而不容易转移，外部动作少而缓慢。

典型表现：这种人又称为安静型，在生活中是一个坚持而稳健的辛勤工作者。由于这些人具有与兴奋过程向均衡的方向的抑制，所以行动缓慢而沉着，严格恪守既定的生活秩序和工作制度，不为无所谓的动因而分心。黏液质的人态度持重、交际适度，不作空泛的清谈，情感上不易激动，不易发脾气，也不易流露情感，能自治，也不常常显露自己的才能。这类人能长时间坚持不懈，有条不紊地从事自己的工作。其不足是处理有些事情不够灵活，不善于转移自己的注意力。惰性使其因循守旧，表现出固定性有余，而灵活性不足。有从容不迫和严肃认真的品德，以及性格的一贯性和确定性。

适合职业：外科医生、法官、管理人员、出纳员、会计、播音员、话务员、调解员、教师、人力资源主管等。

c. 胆汁质。

神经特点：感受性低，耐受性高，不随意反应性强，外倾性明显，情绪兴奋性高，控制力强，反应快但不灵活。

心理特点：坦率热情；精力旺盛，容易冲动；脾气暴躁；思维敏捷，但准确性差；情感外露，但持续时间不长。

典型表现：胆汁质又称不可遏制型或战斗型。具有强烈的兴奋过程和比较弱的抑郁过程，情绪易激动，反应迅速，行动敏捷，暴躁而有力；在语言上、表情上、姿态上都有一种强烈而迅速的情感表现；在克服困难上有不可遏制和坚韧不拔的劲头，而不善于考虑是否能做到；性急，易爆发而不能自制。这类人的工作特点带有明显的周期性，埋头于事业，也准备去克服通向目标的重重困难和障碍，但是当精力耗尽时，易失去信心。

适合职业：管理工作、外交工作、驾驶员、医生、律师、运动员、冒险家、新闻记者、演员、军人、公安干警等。

d. 抑郁质。

神经特点：感受性高，耐受性低，随意反应性低，情绪兴奋性高，反应速度慢，刻板固执。

心理特点：沉静、对问题感受和体验深刻，持久，情绪不容易表露，反应迟缓但是深刻，准确性高。

典型表现：有较强的感受力，易动感情，情绪体验的方式较少，但是体验持久而有力，能观察到别人不容易察觉到的细节，对外部环境变化敏感，内心体验深刻，外表行为非常迟缓、忸怩、怯弱、怀疑、孤僻、优柔寡断，容易恐惧。

适合职业：校对、打字、排版、检察员，雕刻工作、刺绣工作，保管员、机要秘书、艺术工作者、哲学家、科学家。

2. 性格

（1）性格的含义。

性格（character）一词来源于希腊语，原意为雕刻的痕迹，这一概念说明性格是个典型行为。何谓性格？恩格斯曾说："人物的性格不仅表现在他做什么，而且表现在他怎么做"。"做什么"说明一个人追求什么，拒绝什么，体现了人的活动动机及对现实的态度；"怎么做"说明一个人用什么样的行为去追求所要达到的目标。

因此，随着心理学的发展，性格的内涵日益丰富，它是指一个人对现实的稳定的态度，以及与这种态度相应的、习惯化了的行为方式中表现出来的人格特征。无论哪种性格类型都没有好坏之分。任何一种性格类型都具有不可替代的优点和缺点。性格一旦形成便比较稳定，但是并非一成不变，而是可塑的。性格不同于气质，更多体现了人格的社会属性。个体之间的人格差异的核心是性格的差异。

（2）性格的类型。

性格有明显的个体差异。为了便于了解人的性格，心理学家们从不同角度出发，力求从千差万别的个体差异中寻找人的性格共同特征，因此出现了多种性格类型划分，列举如下：

a. 按性格特征分类。

心理学家 A. 培根和 T. 李波依据理智、情绪、意志三方面性格特征在人的心理活动中谁占优势，将性格划分为理智型、情绪型、意志型和中间型。

理智型：理智占优势，凡事以理智权衡一切，并以此支配行为。

情绪型：情绪占优势，情绪体验深刻，行为举止易受情绪左右，并富有情绪色彩。

意志型：意志活动占优势，做事有较明确的目标，并能自觉采取行动去实现目标。

中间型：上述三种类型的过渡类型，如理智—意志型等。

b. 按独立性特点分类。

魏特金按人活动的独立性特点将性格划分为独立型、顺从型、反抗型。

独立型：独立性很强，善于独立发现和解决问题，不易受他人意见干扰。在紧张困难情况下能自信、果断、应付自如，发挥个人能力与力量。

顺从型：独立性差，易受他人暗示，不加批判地听信、服从他人意见。在紧急困难情况下缺乏主见，甚至惊惶失措。

反抗型：喜欢把自己的意志、愿望强加于他人或物，相信依靠个人力量能改变他人或物，并在行动中坚持以此为目的。

c. 按心理活动倾向性分类。

荣格依心理倾向于内心世界还是外部世界，将性格划分为内倾型、外倾型、内外平衡型。

内倾型：心理活动倾向于内心世界，一般表现沉静，反应较为缓慢，适应环境较困难，不喜欢社交活动，好幻想，有的人较孤僻。

外倾型：心理活动倾向于外部世界，对外部事物比较关心，开朗，活泼，情感外露，不拘小节，独立性强，善于交际，乐于与人相处。

内外平衡型：介于内向型与外向型之间，这部分人由内部过渡到外部和由外部过渡到内部比较容易且心理不易失衡。

在简单地介绍了以上三类性格类型后，笔者将重点介绍的是 DISC 性格类型。

d. DISC 性格类型。

DISC 理论于 20 世纪的早期出现，由心理“测谎器”的创始人——William Moulton Marston（威廉·莫尔顿·马斯顿）教授提出，他基于其个人激励的理论创建了 DISC 的行为因素分析方法，并在其书中—*The Emotions of Normal People*（正常人的情绪）加以构建，这是迄今为止为数不多的将心理学运用于心理健康人的尝试。从此之后，DISC 这四个字母，即 Dominance（支配），Influence（影响），Steady（稳健），Compliance（服从）便广为流传。

D 型：力量型特质。

特点：强势、好胜、具有强烈的进取心，脾气急躁，黑白分明，喜欢挑战权威，固执，不听别人规劝，刚愎自用。具有强烈的权力欲望和天生的领导气质，好面子，容易中别人的激将法。

优点：具有强烈的进取心，同时也具有强烈的好胜心，喜欢挑战权威，不畏强权，勇于承担具有挑战性的工作与任务；喜欢享受工作带来的成就感，凡事自动自发，不需要别人催促；有积极性，对自己未来的规划很现实，也很明确，设定目标比较严格，是一个非常主动争取的人，而且常常想带头。也容易争取到别人的信任，是个天生的领导。

缺点：过犹不及，说话很直，容易伤人；大胆冒险，刚愎自用，没有耐心，太强势；在表达意见时，常会说得很果断。

表现：经常打断别人说话，抢话；经常匆匆忙忙，有许多事情要做，有时显得无礼，往往是他对听讲者单向沟通，把自己的意见表达为毋庸置疑的事实，直率，想什么说什么。

沟通方法：说话直接些，有相左的意见时须提供替代方案，照顾他的面子，给予及时反馈，专注于主题，对他的言谈表现出感兴趣的样子。

适合的职业：政治人物、民意代表、律师、法官、创业家、团队领导、高管、老板等。

I型：活泼型特质。

特点：爱说话，爱交际，贪玩，有趣，易冲动，善于沟通，容易兴奋，善附和人，没有心机，容易相信别人，有强大的亲和力，重承诺，爱面子，大错不犯小错不断，也不喜欢做一些太细节的事。

优点：天生具有强大的亲和力，口才较好，反应快，有创新意识，易交友，随遇而安，乐观，是人群中的焦点，是大家的开心果；热情，并能很快感染别人；随时准备接受新事物，决策果断。

缺点：知道与感兴趣的事情太多，样样通，样样松，不易精通专业，无足够的耐心。太情绪化，不擅长拒绝别人的要求，太注意面子，容易相信别人，太易感情用事，也有点粗心大意。

表现：兴奋、坦率、友善；溢于言表地同意别人的看法，强调事物和问题的积极面，以推销和奖励的方式进行沟通，想说的话很多，但又不愿意详谈，不愿意提起引起别扭的话题，善于提供建设性的回顾。

沟通方法：保持积极正面的沟通气势，让他自己表达，对他热情些，多注意他的感觉，以有趣、好玩、幽默的言辞来谈，专注于伟大的远景。

适合的职业：教育培训、演艺人员、大众传播、设计师、业务员、营销企划、客服等。

S型：和平型特质。

特点：认真、行事稳健，不张扬，态度友善，工作条理性强，不太好意思拒绝别人的要求。心态平和，举止温和，让别人觉得他与世无争。喜欢安全稳定的环境，工作踏实，不贪图一蹴而就，而是考虑现状，对未来没有太大憧憬。喜欢听别人说，只在讲自己的专业时才侃侃而谈，并且最好不要被打断。这种人适合在一个团队贡献自己的能力，是可以信赖的伙伴。

优点：安分守己，能够忍辱负重，做事细致，按部就班，不急不慢。脚踏实地，不羡慕别人，心态稳定，性情善良，尊重传说，礼貌待人，喜欢处在团队中一起工作，互相帮助；对自己的专业钻研得很深，是个优秀的指导者，凡事都会做好计划。

缺点：缺乏应变的能力，只能适应熟悉的环境，不善于表现自己，对自己缺乏信心。

表现：谨慎行事，经常是他边听边点头的单向沟通，被询问时才回答；讲话平静有条理，喜欢谈论喜欢或熟悉的事物。

沟通方式：有逻辑次序地进行沟通，问特定问题，找出真正的需求，提供先例，降低不确定感，记得正义的原则，安全可靠稳妥的环境，给他家的感觉，当他是自己人。

适合的职业：教师、社工、行政、公务人员、辅导员、秘书、总务等。

C 型：完美型特质。

特点：重视实际，凡事喜欢按照规章制度办，不讲情面，话少，追求完美主义，行为表现傲慢，喜欢钻研细节，把每个细节琢磨得很准确，做事有条理性，遵纪守法，从不幻想美好的未来，喜欢阅读书面资料。

优点：专注、独立、专业、客观，按规定办事，不畏强权，具有强大的忠诚心，忠于组织和各种规则，不会感情用事，精确地按照规则照办，追求完美，能很长时间从事连续的工作或职务，不会积极地想要自己出头。

缺点：优柔寡断，抓不到重点，不太会相处，过分注重细节，缺乏口才。

特点：做事井井有条，注意细节，喜欢分析事情的前因后果；喜欢书面沟通，不轻易表达相左的观点，不喜欢谈论看法和抽象的事物，不发号施令，依规划办事。

沟通方式：注意倾听他的话，镇定而谨慎地回答问题，沟通时要准备相关资料，找出关键词，清楚事实和细节，要完整周全。

适合的职业：学者、研究员、分析师、编辑、程序设计师、研发、工程师等。

四、气质与性格的关系

在现实生活中，气质和性格常常识被人混淆概念，人们有时候把某些性格特征说成是气质，如老实稳重，有时候又将气质说成性格特点，如文静、活泼等。实际上，气质和性格是两个既有区别又有联系的概念。

1. 气质与性格的区别

（1）气质和性格的性质不同。性格是表现在个人对现实的态度和行为方式中较为稳定的具有核心意义的心理特征，更多受后天环境影响，具有明显的社会化特征；气质是在人的心理活动和行为中表现出来的稳定的动力特征，受遗传因素影响较大。

（2）气质和性格有不同的神经机制。气质是高级神经活动的类型特点，它不受生活条件的影响，因而气质具有很大的稳定性；性格的生理基础是在高级神经活动的类型基础上后天建立的条件反射的影响。

（3）气质和性格的表现不同。性格受社会历史文化的影响，有明显的社会道德评价的意义，直接反映了一个人的道德风貌。所以，气质更多体现了人格的生物属性，性格则更多地体现了人格的社会属性，个体之间的人格差异的核心是性格的差异。

2. 气质和性格的联系

气质和性格都是稳定的人格特征。它们是在人的生活实践中形成的，也是由脑的活动实现的。二者相互渗透，又彼此制约。

一方面，气质是性格的基础，会影响一个人对待事物的态度和行为风格，使性格带有气质色彩。气质还对性格的形成和发展起促进或阻碍作用。性格主要是在后天生活环境中形成的。例如，胆汁质的人容易形成勇敢、果断、坚毅的性格特征，但难以形成善于克制自己情绪的性格特征；多血质的人容易形成热情好客、机智开朗的性格特征，却难以形成耐心细致的性格特征。

另一方面，性格反过来影响气质，使它服从于生活实践的要求。性格可以掩蔽或改造气质，指导气质的发展，使其适应生活环境。

【实际演练】

四位观众去剧院观看演出，结果他们迟到了（剧院规定，迟到者不得入内）。第一位观众面红耳赤地与检票员争吵起来，企图推开检票员径直进去找到自己的座位，并埋怨说剧院的时钟走得太快了。第二位观众明白检票员不会让进去，不与检票员发生争吵，而是悄悄地另外寻找个小门溜进去或者想办法翻墙而入去看演出。第三位观众，检票员不让进去，便想反正这场戏不太精彩，还是暂时到剧院旁边的商场里面去溜达溜达，可能下场会更好看。第四位观众，面对此情此景感叹道自己总是不走运，好不容易来次剧院，就这样倒霉了，接着就垂头丧气地离开了。

请分析这四位观众分别属于什么气质。

第一位观众：

第二位观众：

第三位观众：

第四位观众：

工作任务一

制作 PPT，阐述个性的特点及影响因素。

工作任务二

制作 PPT，阐述个性构成。

☞任务评价

揭开个性神秘的面纱：

项目任务	揭开个性神秘的面纱				
班级		姓名		评价时间	
【考核内容】					
考核项目	考核标准			分值	得分
个性的概念及特点	叙述个性的概念及特点并能举例说明			15	
个性的影响因素	叙述个性的影响因素并能结合实际进行分析			15	

续表

考核项目	考核标准	分值	得分
个性的构成	叙述气质的种类与特点	10	
	叙述性格的种类与特点	10	
制作内容	制作能清晰展示 PPT 的演讲稿	15	
	要求类型分析准确，文字流畅	15	
	做到内容熟练、图文并茂	20	
指导教师意见：			
说明：1. 建议采用四级评分制（如 90％～100％，80％～90％，60～80％，<60％）。 2. 主要采用小组互评的方式进行评价，教师最后进行参考评分。			

任务二　分析客运服务人员的个性

☞**任务导入**

个性比较稳定，不仅影响人的外部表现，而且贯穿到心理活动的所有方面，具有十分复杂的心理特征，它包含着不同的侧面，因而也具有不同的特征。这些特征在一个人的身上组成了独特的结构模式。所以，分析某一类或某个人或某方面的个性时，必须把个性看成一个有机整体。因此，客运服务人员需要充分地认识到自己的个性，才能为旅客提供更优质的服务。

☞**知识准备**

一、客运服务人员的气质分析方法

气质是个性的重要组成部分，它不仅影响人的外部表现，而且贯穿到心理活动的所有方面。对于客运服务人员来说，要认知自己的气质特点，扬长避短，为旅客提供优质服务；轨道交通运输公司管理人员也要善于根据客运服务人员的不同气质特点，对他们进行有效的安排和管理。

气质的分析方法有很多种：观察法、调查法、测验法等。

（一）观察法

观察法是指研究者在自然条件下，有目的、有计划地直接观察客运服务人员的外部表现，了解他们的心理活动产生及特点。如旅客的语言或行为是否对客运服务人员产生了影响，是否反应过度，是否能进行自我调节等。

（二）调查法

调查法是通过调查、访问、谈话等方式搜集有关资料，以间接了解客运服务人员的心理和行为的一种方法。

（三）测验法

测验法是指研究者采用标准化的细腻测量或精密的测验仪器测验被研究者的有关心理品质和行为反应的方法。

二、客运服务人员的气质分析

针对客运服务人员的气质，主要采用测验法进行分析。

【实际演练】

心理测验：你是哪种气质类型的人?

指导语：下面是有关气质的60道问答题，答案没有对错之分，回答时请根据你的实际情况与真实想法作答。每题设有5个选项：A. 很符合 B. 比较符合 C. 介于中间 D. 不太符合 E. 很不符合

测试题目：

1. 做事力求稳妥，一般不做无把握的事。
2. 遇到可气的事就怒不可遏，只有把心里话全说出来才痛快。
3. 宁可一人做事，不愿很多人在一起。
4. 很快就能适应一个新环境。
5. 厌恶那些强烈的刺激，如尖叫、噪声、危险镜头等。
6. 和人争吵时，总是先发制人，喜欢挑衅。
7. 喜欢安静的环境。
8. 善于和人交往。
9. 羡慕那种善于克制自己感情的人。
10. 生活有规律，很少违反作息制度。
11. 在多数情况下，情绪是乐观的。
12. 碰到陌生人会觉得很拘束。
13. 遇到令人气愤的事，能很好地自我控制。
14. 做事总是有旺盛的精力。
15. 遇到问题时常常举棋不定，优柔寡断。
16. 在人群中从不觉得过分拘束。
17. 情绪高昂时觉得干什么都有趣；情绪低落时觉得干什么都没意思。
18. 当注意力集中于某一事物时，别的事物很难让自己分心。
19. 理解问题总比别人快。
20. 遇到危险情况时，常有一种极度恐惧感。
21. 对学习、工作、事业抱有极大的热情。
22. 能够长时间做枯燥、单调的工作。
23. 符合兴趣的事，干起来劲头十足，否则就不想干。

24. 一点儿小事就会引起情绪波动。
25. 讨厌做那种需要耐心、细心的工作。
26. 与人交往不卑不亢。
27. 喜欢参加热烈的活动。
28. 爱看感情细腻、描写人物内心活动的文学作品。
29. 工作、学习时间长时，常感到厌倦。
30. 不喜欢长时间讨论一个问题，愿意实际动手干。
31. 宁愿侃侃而谈，不愿窃窃私语。
32. 别人认为自己总是闷闷不乐。
33. 理解问题常比别人慢一些。
34. 疲倦时只要经过短暂的休息就能精神抖擞，重新投入工作。
35. 心里有话时，宁愿自己想，不愿说出来。
36. 认准一个目标就希望尽快实现，不达目的，誓不罢休。
37. 和别人学习、工作同样一段时间后，常比别人更疲倦。
38. 做事有些莽撞，常常不考虑后果。
39. 老师或师父讲授新知识、新技术时，总希望他讲慢些，多重复几遍。
40. 能够很快忘记不愉快的事情。
41. 做作业或完成一件工作总比别人花的时间多。
42. 喜欢运动量大的剧烈活动，或参加各种娱乐活动。
43. 不能很快地把注意力从一件事上转移到另一件事上去。
44. 接受一个任务后，就希望迅速完成。
45. 认为墨守成规比冒风险好一些。
46. 能够同时注意几件事。
47. 当我烦闷的时候，别人很难让我高兴。
48. 爱看情节起伏跌宕、激动人心的小说。
49. 对工作认真严谨，具有始终如一的态度。
50. 和周围人的关系总是处不好。
51. 喜欢复习学过的知识，重复检查已经完成的工作。
52. 希望做变化大、花样多的工作。
53. 小时候会背的许多首诗歌，我似乎比别人记得清楚。
54. 别人说我“语出伤人”，可我并不觉得这样。
55. 在体育活动中，常因反应慢而落后。
56. 反应敏捷，头脑机智灵活。
57. 喜欢有条理而不麻烦的工作。
58. 兴奋的事常常使我失眠。
59. 老师讲新的概念，常常听不懂，但是弄懂以后就很难忘记。
60. 如果工作枯燥无味，马上情绪就会低落。

评分方法：

选 A 得 2 分；选 B 得 1 分；选 C 得 0 分；选 D 得－1 分；选 E 得－2 分。将每题得分填入表中相应的“得分”栏内，再计算每种气质类型的总分数。

胆汁质	题号	2	6	9	14	17	21	27	31	36	38	42	48	50	54	58	总分
	得分																
多血质	题号	4	8	11	16	19	23	25	29	34	40	44	46	52	56	60	总分
	得分																
黏液质	题号	1	7	10	13	18	22	26	30	33	39	43	45	49	55	57	总分
	得分																
抑郁质	题号	3	5	12	15	20	24	28	32	35	37	41	47	51	53	59	总分
	得分																

测评分析：

如果某种气质得分明显高出其他三种，且均高出 4 分以上，则可判定为该种气质。此外，如果其得分超过 20 分，则为典型型；如果得分在 10～20 分，则为一般型。

如果两种气质类型得分接近，差异小于 3 分，而且又明显高于其他两种气质类型得分 4 分以上，则可定为两种气质的混合型。

如果三种气质得分均高于第四种 4 分以上，而且相互接近，则为三种气质的混合型。

三、客运服务人员的性格分析

在前面笔者已经介绍了气质与性格的分析方法，现在继续用测验法进行客运服务人员性格分析。

【实际演练】

DISC 性格测试

指导语：在每一个大标题中的四个选择题中只选择一个最符合你自己的，并在英文字母后面做记号。一共 40 题，不能遗漏。请按第一印象最快作出选择，如果不能确定，可回忆童年时的情况，或者以你最熟悉的人对你的评价来从中选择。

第一题

1. 富于冒险：愿意面对新事物并敢于下决心掌握的人（D）。
2. 适应力强：轻松自如适应任何环境（S）。
3. 生动：充满活力，表情生动，多手势（I）。
4. 善于分析：喜欢研究各部分之间的逻辑和正确的关系（C）。

第二题

1. 坚持不懈：要完成现有的事才能做新的事情（C）。
2. 喜好娱乐：开心，充满乐趣与幽默感（I）。
3. 善于说服：用逻辑和事实而不用威严和权力服人（D）。

4. 平和：在冲突中不受干扰，保持平静（S）。

第三题

1. 顺服：易接受他人的观点和喜好，不坚持己见（S）。

2. 自我牺牲：为他人利益愿意放弃个人意见（C）。

3. 善于社交：认为与人相处是好玩，而不是挑战或者商业机会（I）。

4. 意志坚定：决心以自己的方式做事（D）。

第四题

1. 使人认同：因人格魅力或性格使人认同（I）。

2. 体贴：关心别人的感受与需要（C）。

3. 竞争性：把一切当作竞赛，总是有强烈的赢的欲望（D）。

4. 自控性：控制自己的情感，极少流露（S）。

第五题

1. 使人振作：给他人清新振奋的刺激（I）。

2. 尊重他人：对人诚实尊重（C）。

3. 善于应变：对任何情况都能作出有效的反应（D）。

4. 含蓄：自我约束情绪与热忱（S）。

第六题

1. 生机勃勃：充满生命力与兴奋（I）。

2. 满足：容易接受任何情况与环境（S）。

3. 敏感：对周围的人和事过分关心（C）。

4. 自立：独立性强，只依靠自己的能力、判断与才智（D）。

第七题

1. 计划者：先做详尽的计划，并严格要计划进行，不想改动（C）。

2. 耐性：不因延误而懊恼，冷静且能容忍（S）。

3. 积极：相信自己有转危为安的能力（D）。

4. 推动者：动用性格魅力或鼓励别人参与（I）。

第八题

1. 肯定：自信，极少犹豫或者动摇（D）。

2. 无拘无束：不喜欢预先计划，或者被计划牵制（I）。

3. 羞涩：安静，不善于交谈（S）。

4. 有时间性：生活处事依靠时间表，不喜欢计划被人干扰（C）。

第九题

1. 迁就：改变自己以与他人协调，短时间内按他人要求行事（S）。

2. 井井有条：有系统、有条理安排事情的人（C）。

3. 坦率：毫无保留，坦率发言（I）。

4. 乐观：令他人和自己相信任何事情都会好转（D）。

第十题

1. 强迫性：发号施令，强迫他人听从（D）。

2. 忠诚：一贯可靠，忠心不移，有时毫无根据地奉献（C）。

3. 有趣：风趣，幽默，把任何事物都能变成精彩的故事（I）。

4. 友善：不主动交谈，不爱争论（S）。

第十一题

1. 勇敢：敢于冒险，无所畏惧（D）。

2. 体贴：待人得体，有耐心（S）。

3. 注意细节：观察入微，做事情有条不紊（C）。

4. 可爱：开心，与他人相处充满乐趣（I）。

第十二题

1. 令人开心：充满活力，并将快乐传于他人（I）。

2. 文化修养：对艺术学术特别爱好，如戏剧、交响乐等（C）。

3. 自信：确信自己个人能力与成功（D）。

4. 贯彻始终：情绪平稳，做事情坚持不懈（S）。

第十三题

1. 理想主义：以自己完美的标准来设想、衡量新事物（C）。

2. 独立：自给自足，独立自信，不需要他人帮忙（D）。

3. 无攻击性：不说、不做可能引起别人不满或反对的事情（S）。

4. 富有激励：鼓励别人参与、加入，并把每件事情变得有趣（I）。

第十四题

1. 感情外露：从不掩饰情感、喜好，交谈时常身不由己接触他人（I）。

2. 深沉：深刻并常常内省，对肤浅的交谈、消遣会厌恶（C）。

3. 果断：有很快做出判断与结论的能力（D）。

4. 幽默：语气平和而有冷静的幽默（S）。

第十五题

1. 调解者：经常居中调节不同的意见，以避免双方的冲突（S）。

2. 音乐性：爱好参与并有较深的鉴赏能力，且是因为音乐的艺术性，而不是因为表演的乐趣（C）。

3. 发起人：高效率的推动者，是他人的领导者，闲不住（D）。

4. 喜交朋友：喜欢周旋在聚会中，善交新朋友，不把任何人当陌生人（I）。

第十六题

1. 考虑周到：善解人意，帮助别人，能记住特别的日子（C）。

2. 执着：不达目的，誓不罢休（D）。

3. 多言：不断地说话、讲笑话以娱乐他人，觉得应该避免沉默而带来的的尴尬（I）。

4. 容忍：易接受别人的想法和看法，不需要反对或改变他人（S）。

第十七题

1. 聆听者：愿意听别人倾诉（S）。

2. 忠心：对自己的理想、朋友、工作都绝对忠实，有时甚至不需要理由（C）。

3. 领导者：天生的领导，不相信别人的能力能比得上自己（D）。

4. 活力充沛：充满活力，精力充沛（I）。

第十八题

1. 知足：满足自己拥有的，很少羡慕别人（S）。

2. 首领：要求领导地位及别人跟随（D）。

3. 制图者：用图表数字来组织生活，解决问题（C）。

4. 惹人喜爱：人们注意的中心，令人喜欢（I）。

第十九题

1. 完美主义者：对自己、对别人都高标准、一切事物有秩序（C）。

2. 和气：易相处，易说话，易让人接近（S）。

3. 勤劳：不停地工作，完成任务，不愿意休息（D）。

4. 受欢迎：聚会时的灵魂人物，受欢迎的宾客（I）。

第二十题

1. 跳跃性：充满活力和生气勃勃（I）。

2. 无畏：大胆前进，不怕冒险（D）。

3. 规范性：时时坚持自己的举止合乎认同的道德规范（C）。

4. 平衡：稳定，走中间路线（S）。

第二十一题

1. 乏味：死气沉沉，缺乏生气（S）。

2. 忸怩：躲避别人的注意力，在众人注意下不自然（C）。

3. 露骨：好表现，华而不实，声音大（I）。

4. 专横：喜欢命令、支配，有时略显傲慢（D）。

第二十二题

1. 散漫：生活任性无秩序（I）。

2. 无同情心：不易理解别人的问题和麻烦（D）。

3. 缺乏热情：不易兴奋，经常感到好事难做（S）。

4. 不宽恕：不易宽恕和忘记别人对自己的伤害，易嫉妒（C）。

第二十三题

1. 保留：不愿意参与，尤其是当事情复杂时（S）。

2. 怨恨：把实际或者自己想象的别人的冒犯经常放在心中（C）。

3. 逆反：抗拒或者拒不接受别人的方法，固执己见（D）。

4. 唠叨：重复讲同一件事情或故事，忘记已经重复多次，总是不断找话题说话（I）。

第二十四题

1. 挑剔：坚持琐事细节，总喜欢挑不足（C）。

2. 胆小：经常感到强烈的担心焦虑、悲戚（S）。

3. 健忘：缺乏自我约束，导致健忘，不愿意回忆无趣的事情（I）。

4. 率直：直言不讳，直接表达自己的看法（D）。

第二十五题

1. 没耐性：难以忍受等待别人（D）。

2. 无安全感：感到担心且无自信心（S）。

3. 优柔寡断：很难下决定（C）。

4. 好插嘴：一个滔滔不绝的发言人，不是好听众，不注意别人的说话（I）。

第二十六题

1. 不受欢迎：由于强烈要求完美而拒人千里（C）。

2. 不参与：不愿意加入，不参与，对别人的生活不感兴趣（S）。

3. 难预测：时而兴奋，时而低落，或总是不兑现诺言（I）。

4. 缺同情心：很难当众表达对弱者或者受难者的情感（D）。

第二十七题

1. 固执：坚持照自己的意见行事，不听不同意见（D）。

2. 随兴：做事情没有一贯性，随意做事情（I）。

3. 难于取悦：因为要求太高而使别人很难取悦（C）。

4. 行动迟缓：迟迟才行动，不易参与或者行动总是慢半拍（S）。

第二十八题

1. 平淡：平实淡漠，中间路线，无高低之分，很少表露情感（S）。

2. 悲观：尽管期待最好但往往首先看到事物的不利之处（C）。

3. 自负：自我评价高，认为自己是最好的人选（D）。

4. 放任：许别人做他喜欢做的事情，为的是讨好别人，令别人鼓吹自己（I）。

第二十九题

1. 易怒：善变，孩子性格，易激动，过后马上就忘了（I）。

2. 无目标：不喜欢目标，也无意定目标（S）。

3. 好争论：易与人争吵，不管对何事都觉得自己是对的（D）。

4. 孤芳自赏：容易感到被疏离，经常没有安全感或担心别人不喜欢和自己相处（C）。

第三十题

1. 天真：孩子般单纯，不理解生命的真谛（I）。

2. 消极：往往看到事物的消极面阴暗面，而少有积极的态度（C）。

3. 鲁莽：充满自信、有胆识，但做事总是不恰当（D）。

4. 冷漠：漠不关心，得过且过（S）。

第三十一题

1. 担忧：时时感到不确定、焦虑、心烦（S）。

2. 不善交际：总喜欢挑人毛病，不被人喜欢（C）。

3. 工作狂：为了回报或者说成就感，而不是为了完美，因而设立宏伟目标不断工作，耻于休息（D）。

4. 喜获认同：需要旁人认同赞赏，像演员（I）。

第三十二题

1. 过分敏感：对事物过分反应，被人误解时感到被冒犯（C）。

2. 不圆滑老练：经常用冒犯或考虑不周的方式表达自己（D）。

3. 胆怯：遇到困难退缩（S）。

4. 喋喋不休：难以自控，滔滔不绝，不能倾听别人（I）。

第三十三题

1. 腼腆：事事不确定，对所做的事情缺乏信心（S）。
2. 生活紊乱：缺乏安排生活的能力（I）。
3. 跋扈：冲动地控制事物和别人，指挥他人（D）。
4. 抑郁：常常情绪低落（C）。

第三十四题

1. 缺乏毅力：反复无常，互相矛盾，情绪与行动不合逻辑（I）。
2. 内向：活在自己的世界里，思想和兴趣放在心里（C）。
3. 不容忍：不能忍受他人的观点、态度和做事的方式（D）。
4. 无异议：对很多事情漠不关心（S）。

第三十五题

1. 杂乱无章：生活环境无秩序，经常找不到东西（I）。
2. 情绪化：情绪不易高涨，感到不被欣赏时很容易低落（C）。
3. 喃喃自语：低声说话，不在乎说不清楚（S）。
4. 喜操纵：精明处事，操纵事情，使对自己有利（D）。

第三十六题

1. 缓慢：行动思想均比较慢，过分麻烦（S）。
2. 顽固：决心依自己的意愿行事，不易被说服（D）。
3. 好表现：要吸引人，需要自己成为被人注意的中心（I）。
4. 有戒心：不易相信他人，对语言背后的真正动机存在疑问（C）。

第三十七题

1. 孤僻：需要大量的时间独处，避开人群（C）。
2. 统治欲：毫不犹豫地表示自己的正确或控制能力（D）。
3. 懒惰：总是先估量事情要耗费多少精力、能不做最好（S）。
4. 大嗓门：说话声和笑声总盖过他人（I）。

第三十八题

1. 拖延：凡事起步慢，需要推动力（S）。
2. 多疑：凡事持怀疑态度，不相信别人（C）。
3. 易怒：行动不快或不能完成指定工作时易烦躁和发怒（D）。
4. 不专注：无法专心致志或者集中精力（I）。

第三十九题

1. 报复性：记恨并惩罚冒犯自己的人（C）。
2. 烦躁：喜新厌旧，不喜欢长时间做相同的事情（I）。
3. 勉强：不愿意参与或者说投入（S）。
4. 轻率：因没有耐心，不经思考便草率行动（D）。

第四十题

1. 妥协：为避免矛盾，即使自己是对的也不惜放弃自己的立场（S）。
2. 好批评：不断地衡量和下判断，经常考虑提出反对意见（C）。
3. 狡猾：精明，总是有办法达到目的（D）。

4. 善变：像孩子般注意力短暂，需要各种变化，怕无聊（I）。

统计：

将以上的选择做一个统计，并记在括号内。

D—（　　） I—（　　） S—（　　） C—（　　）

测试结果的使用说明：

计算你的各项得分，超过 10 分称为显性因子，可以作为性格测评的判断依据。低于 10 分称为隐性因子，对性格测评没有实际指导意义，可以忽略。如果有两项及以上得分超过 10 分，说明你同时具备那两项或两项以上特征。

问题 4-2：对于未来要从事客运服务工作的我们，经过心理测量，你属于什么类型的气质与性格？在日常生活和工作中如何扬长避短？

四、个性差异与客运服务

1. 根据客运服务人员不同的个性，安排适当的岗位与工作

轨道交通运输企业能够根据客运服务人员的个性来安排岗位和工作，相信会有助于提高服务质量和工作效率，使不同个性的客运服务人员能够发挥自己个性中积极的一面，而抑制消极的一面。

候车大厅的服务人员，面对旅客候车时，要对旅客表示问候，帮助旅客安置行李，回答旅客提出的一些问题，等等。这就要求服务人员具有迅速、灵活的反应能力，对于胆汁质、多血质、力量型和活泼型的人来说就比较适合这项工作；安检工作要求服务人员具有极大的耐心、细心，沉着稳重，他们直接每天面对成百上千的旅客，如果遇到一些突发事件，要责无旁贷地挑起重担，黏液质与和平型的人就比较适合这类工作；售票工作要求比较细致，要做到准确无误，短时间内处理的信息量大且重要，抑郁质和完美型的人就比较适合这类工作。

2. 在安排工作时，注意不同个性客运服务人员的搭配

在选拔班组成员上，应该要注意各种个性类型的客运服务人员适当搭配，使得各种个性可以得到适当的互补。因为一个集体有各种不同性质的工作，即使是同一工作中，也有不同的情况发生。如一趟列车上的乘务人员，尽管都是为旅客服务，但其中也有分工，也需要互相配合。特别是遇到一些突发事件，如列车晚点、中途遇到故障等，这时更需要服务人员的密切配合。把各种不同个性的人搭配在一起，就可以发挥各种个性的积极因素，而弥补消极的成分。设想一下，假如一个班组成员都是多血质和胆汁质类型的人组成，那么这个班组将活泼有余而严肃不足，而且容易产生矛盾。不仅他们之间难以处理好人际关系，与旅客之间也容易发生摩擦。同样，如果一个班组成员全部由黏液质和抑郁质的人组合，那么这个班组就会毫无生气，单调、寡言、少语、比较严肃，这样会影响车厢里的气氛，甚至会影响旅客的情绪。如果一个班组里同时具备了这些不同个性类型的人，就比单纯的同一个性类型的人在一起工作，更容易搞好人际关系，有助于工作效率的提高。

3. 选用适合铁路客运服务的职员，发挥客运服务人员的个性优点

铁路客运服务系统工作人员外形条件很重要。但是，从服务工作质量和企业长远发展来看，员工综合素质就更为重要了，如服务意识、沟通技巧、敬业精神等。近几年，

铁路客运运输企业在选用职员时越来越重视气质、性格、修养、能力等方面的因素，而将原来的外形条件逐步放宽。

4. 从客运服务人员的个性类型出发，运用不同的教育手段

客运服务工作人员各有各的个性特点，要根据他们的气质与性格类型，采用不同的教育和管理手段。比如，胆汁质的人工作有热情、精力充沛、动作麻利、任务完成快等，对这些特点要鼓励，可他们忍耐性差、易怒、毛躁等，因而要多提醒乃至批评。多血质的人工作有朝气、脑子灵活、善于处理人际关系，可他们兴趣容易转移、待人处事不够稳重、易沾沾自喜等，因而要给予提醒和帮助教育。黏液质的人对工作考虑周到、做事认真细致等，但他们内想、反应慢等，就需要多交谈，提出批评和要求时多给他们思考时间。抑郁质的人工作时情感细腻、观察力敏锐等，可他们孤僻、猜疑等，就需要争取他们的信任。

工作任务一

制作 PPT，阐述气质施测及结果。

工作任务二

制作 PPT，阐述性格施测及结果。

☞任务评价

分析客运服务工作人员的个性：

<table>
<tr><td colspan="2">项目任务</td><td colspan="4">分析客运服务工作人员的个性</td></tr>
<tr><td>班级</td><td></td><td>姓名</td><td></td><td>评价时间</td><td></td></tr>
<tr><td colspan="6">【考核内容】</td></tr>
<tr><td colspan="2">考核项目</td><td colspan="2">考核标准</td><td>分值</td><td>得分</td></tr>
<tr><td colspan="2">气质与性格的分析方法</td><td colspan="2">叙述气质与性格的分析方法并能举例说明</td><td>15</td><td></td></tr>
<tr><td colspan="2">分析客运服务人员的个性</td><td colspan="2">用测量法分析客运服务人员的气质与个性</td><td>15</td><td></td></tr>
<tr><td colspan="2" rowspan="2">对测验的结果进行解析</td><td colspan="2">叙述气质的结果解析</td><td>10</td><td></td></tr>
<tr><td colspan="2">叙述性格的结果解析</td><td>10</td><td></td></tr>
<tr><td colspan="2" rowspan="3">制作内容</td><td colspan="2">制作能清晰展示 PPT 的演讲稿</td><td>15</td><td></td></tr>
<tr><td colspan="2">要求类型分析准确，文字流畅</td><td>15</td><td></td></tr>
<tr><td colspan="2">做到内容熟练、图文并茂</td><td>20</td><td></td></tr>
<tr><td colspan="6">指导教师意见：</td></tr>
<tr><td colspan="6">说明：1. 建议采用四级评分制（如 90%～100%，80%～90%，60～80%，<60%）。
2. 主要采用小组互评的方式进行评价，教师最后进行参考评分。</td></tr>
</table>

任务三　培养客运服务人员良好的个性

☞任务导入

每个人都是独特的个体，都有自己独有的个性。正因为每个人的个性不同，面对同一件事情时的心理状态和处理方式都有差异，培养客运服务人员良好的个性，才能更好地为旅客服务。

☞知识准备

一、客运服务人员的气质要求

气质对人的实践活动有重要的影响。在工作中要注意调整自己的气质特点，扬长避短，做好客运服务工作。

1. 感受性、灵敏性不宜过高

感受性是指个体对外界刺激达到多大强度时才能引起反应；灵敏性是指个体心理反应的速度和动作的敏捷程度。客运服务中有各种各样的不同层次、不同背景的旅客，在服务过程中随时会发生大大小小不同的情况。如果客运服务人员的感受性过高，势必会造成精力分散，注意力不集中，影响正常工作；如果客运服务人员的感受性太低，也会怠慢旅客，引起旅客的不满。因此，为了保证客运服务人员能处在热情饱满的状态下进行服务性工作，客运服务人员必须随时调节感受性和灵敏性，做好各种不同旅客的服务工作。

2. 忍耐性和情绪兴奋不能低

忍耐性是指个体在遇到各种刺激和压力时的心理承受能力；情绪兴奋是指个休高兴或扫兴时，是否能控制住自己。在客运服务工作中，客运服务人员在列车中面对不同类型的旅客，会遇到各种各样的特殊事情，如列车晚点时，要面对旅客尖刻的语言；在服务中，会遇到百般挑剔的旅客，甚至会遇到旅客无理取闹。客运服务人员如何承受这些压力，处理好这些矛盾，做好服务工作，这对每个客运服务人员来说是一个极重要的考验，也是体现客运服务人员素质高低的关键。

二、客运服务人员的性格要求

客运服务人员要与不同性格、不同层次的旅客打交道，所以必须具备自信、诚实、热情、宽容等良好的性格特征，同时还要具备较强的自制力和责任心。

1. 自信

爱默生（图 4-5）说：“自信是成功的第一秘诀。”自信是指个体对自身成功应付特定情境的能力的估价。客运服务人员的自信主要表现在勇于承担工作所带来的压力及工作中所带来的困难与挫折，并且会产生巨大的勇气和力量去战胜它。

图 4-5　爱默生

2. 诚实

客运服务人员的诚实应该体现在两方面：一方面是对人讲真话，忠诚老实，不弄虚作假，不阳奉阴违；另一方面是要诚实地对待自己，坦诚地面对自己的优缺点，恰当地评价自己。

3. 自制力

自制力是指个人控制和调节自己思想感情、举止行为的能力。既要善于激励自己勇敢地去执行采取的决定，又要善于抑制那些不符合既定目的的愿望、动机、行为和情绪。

客运服务人员的自制力主要表现在两方面：一方面是在自己的实际工作中，学习努力克服不利于自己的恐惧、犹豫、懒散等；另一方面是善于在实际行动中抑制冲动行为，当遇上刁难型的旅客要保持理智。

4. 责任心

责任心是指对事情敢于负责、勇于主动负责的态度。具有责任心的客运服务人员，会认识到自己在工作和组织中的重要性，把实现组织的目标当成自己的目标。责任心能促进客运服务人员主动、积极地尽职尽责，当他们圆满完成工作任务时，就会产生满意、愉悦的情感。

三、培养客运服务人员的良好个性

客运服务人员良好的个性是优秀的个人素质的集中体现，是优质服务的必要条件，服务人员良好个性的培养是铁路运输文化建设中的重要组成部分。

（一）加强文化修养

文化是人类创造的物质财富和精神财富的总和。文化从何而来？由人化文；文化是干什么的？以文化人。中共十八大报告提出要推进社会主义文化强国建设，要推动社会主义文化大发展大繁荣，兴起社会主义文化建设新高潮。作为一个个体来说，要通过读书学习，加强文化修养，提高文化品位，这是增强本领的内在需要，也是与时俱进的政治要求。

1. 多读多听

多读：学习力将成为知识经济时代持久的竞争力。客运服务人员只有多学习，多读书，才能做到“博学之、审问之、慎思之、明辨之、笃行之”，从而奠定自己的文化修养基础。

多听：每个人的心中往往有太多自己的成见，这成为人们倾听旅客的最大障碍。要清除这些障碍，多听，从旅客的眼光中去了解社会，加强沟通，探索问题，解决问题。

2. 提倡继续教育

现代社会科技迅速发展，知识总量激增，应用周期缩短，半衰率加速，轨道交通运输公司因人才战略需求，越来越重视服务人员的知识更新，提倡继续教育，开展了向身边人学习的一系列活动。

3. 丰富业余生活

通过运动会、朗诵比赛、歌唱比赛等一系列活动，进一步丰富客运服务人员业余生活，增强大家的凝聚力，形成健康生活、快乐工作的良好氛围。

（二）加强心理素质

心理素质是指人在长时间的生活中形成的一种遇到突发事件时所表现出的一贯性的个体素质，它具有相对稳定性。心理素质是一个人性格品质、心理能力、心理动力、心理健康状况以及心理性水平或质量的综合体现。

马斯洛认为，良好的心理素质表现在以下几方面。

（1）具有充分的适应力。

（2）能充分地了解自己，并对自己的能力做出适度的评价。

（3）生活的目标切合实际。

（4）不脱离现实环境。

（5）能保持人格的完整与和谐。

（6）善于从经验中学习。

（7）能保持良好的人际关系。

（8）能适度地发泄情绪和控制情绪。

（9）在不违背集体利益的前提下，能有限度地发挥个性。

（10）在不违背社会规范的前提下，能恰当地满足个人的基本需求。

客运服务人员培养良好的心理素质应注意以下几方面。

（1）培养健康的情绪情感。

客运服务人员首先要热爱自己的事业，具有为事业努力拼搏、下定决心获得成功的精神。要心甘情愿地在自己服务的岗位上勤恳奉献，淡化工作中的压力和不愉快，形成良好的情绪状态。

【实际演练】

训练项目：下定决心努力拼搏。

训练目的：在工作岗位上保持旺盛的情绪状态。

训练过程：

1. 转变观念：把“想要”变成“决心要”，认识到没有人能随随便便成功。

2. 每天在固定时间大声问自己如下问题：

（1）我是想要完成工作任务还是决心要出色地完成工作任务？

（2）我是想要和旅客搞好服务关系还是决心要和旅客搞好服务关系？

(3) 我是想要身体好还是决心要身体好?

……

3. 每天上班前对着镜子给自己一个甜美的微笑。

(2) 培养自信乐观的心态。

客运服务人员要从主观上相信自己是优秀的，可以胜任服务工作，可以解决工作中的各种问题；从客观上积极面对已发生的突发状况，认真分析事态发展，尽全力使结果超越预期。服务人员要培养自己的自信心，常进行一些积极的自我暗示，遇到挑剔的旅客或棘手的事件时，一定要相信自己的专业素养，相信自己能够解决好。此外，还要培养科学的人生观，不断发现和把握事物发展的规律，掌握正确的思考方法，只有这样才能乐观面对困难，正视挫折，走向卓越。

【实际演练】

训练项目：自我肯定。

训练目的：培养客运服务人员自信客观的心态。

训练过程：

1. 用肯定的语言表达需要的习惯，如：

(1) 不要懒惰　　勤奋

(2) 不要马虎　　认真

(3) 不要急躁　　耐心

(4) 不要拖拉　　守时

……

2. 将自我肯定的习惯具体化，如：

(1) 一个勤奋的我：早睡早起，坚持锻炼，努力工作，努力学习……

(2) 一个认真的我：认真工作，认真对待旅客，认真对待自己……

(3) 一个耐心的我：不急不躁，洗耳恭听，不紧不慢……

(4) 一个守时的我：上班准时，与人约会准时，按时起床……

……

3. 联想具备每一种自我肯定时我的样子：

时间、场景、环境、行为、表情等具体情况。

注意：联想的场景越真实越好，联想的次数越频繁越好

(3) 培养坚强的意志。

意志是一个人自觉地确定目标，并根据目标来支配调节自己的行动，克服各种困难，从而实现预定目标的心理过程。在服务工作中，只做好一次服务并不难，但要做好每一次服务，时时处处为旅客排忧解难，没有坚强的意志品质是很难实现的。服务人员坚强的意志主要表现为较强的自觉性、果断性、自制性及坚持性。

【实际演练】

训练项目：顽强的意志力靠自己培养。

训练目的：培养客运服务人员坚强的意志。

训练过程：

1. 确定目标，这个目标要合理，不过高，也不过低，如：

（1）我的体重控制在××千克以内；

（2）我在公司的职位上升到××；

（3）我的收入增加××；

……

2. 为完场目标，制订计划，通过表格的方式了解进程，如：

内容	目标	日期	达成目标与否	完成目标，进行总结	未完成，找问题，找解决办法
体重					
收入					
职位					
……					

3. 坚持体育运动，有氧运动和无氧运动结合，如：

有氧运动：游泳，慢跑，骑自行车……

无氧运动：俯卧撑，肌力训练，举重……

4. 不断寻找激励：

（1）获得成功后自我奖励；

（2）寻找志同道合的人；

（3）与你所尊重的人交往；

（4）看成功人士的传记；

（5）……

（三）加强职业道德修养

客运服务人员除了要遵守社会公德和普遍的职业道德外，还要遵从工作中实际需要的职业道德规范。客运服务人员要加强职业道德修养，有利于形成服务所需要的个性品质，具体要做到以下几方面。

1. 遵守职业道德准则

服务人员职业道德准则包括：

（1）热爱社会主义祖国，立志为繁荣祖国的运输事业、促进经济发展和人民生活水平提高做贡献。

（2）对国家财产和人民生命负责，切实保证运输的安全可靠。

（3）热情为乘客服务，急乘客所急；热爱劳动，不怕吃苦，为乘客提供干净、舒适的旅行环境。

（4）廉洁奉公，遵纪守法，不利用手中之权谋私，不索贿受贿，不索要用户托运的东西。

（5）认真学习科学文化知识和专业知识，对技术精益求精，不断提高为人民服务的思想觉悟和为人民服务的本领。

（6）培养集体主义精神，搞好分工协作，团结友爱，互相帮助。

（7）欢迎广大群众监督，虚心接受群众的批评，不断提高服务质量。

2. 培养服务意识

服务意识是指企业全体员工在与和企业利益相关的人或企业的交往中，所表现的提供热情、周到、主动服务的欲望和意识，即服务人员发自内心主动做好服务工作的一种观念和愿望。

服务人员培养服务意识，应注意：

(1) 服务意识有强烈和淡漠之分，有主动和被动之分，只有对服务产生深刻的认识和高度的认可，才能产生强烈的、主动的服务意识。

(2) 只有具有强烈的主人翁意识，具有热爱集体、无私奉献的精神，才会产生强烈、主动的服务意识。

3. 在实践中不断磨炼

服务工作需要与旅客沟通、交流，因此，多参加一些社会实践活动，可以接触各种个性特征的人，锻炼观察能力、表达能力等，有助于形成自信、谦虚、幽默等个性品质。此外，社会实践活动中不乏一些优秀的前辈、行业的精英，从他们身上可以学习一些知识和经验，不断丰富自己的见识，逐渐在工作中游刃有余。人无完人，生活中要善于剖析自己，认清自己的优缺点，塑造自己良好的个性。

【实际演练】

训练项目：良好个性的训练与塑造。

训练目的：通过有计划、有目的的训练、帮助你塑造良好的个性。

训练过程：要想塑造良好的个性，需要采取下面的步骤：

(1) 随意找四个熟悉你的人，要他们如实回答对你的印象，然后确定他们的回答哪些是自己喜欢的，哪些是自己不喜欢的。

(2) 确定一下，如果你是一名演员，你愿意扮演什么角色，以及你为什么喜欢这个角色。

(3) 把你所崇拜的人一一列出来，从中选择一个你最喜欢的人，列举他或她身上哪些是你所崇拜的特征和品质。

(4) 把 (2) 和 (3) 综合为你自己所选择的性格。

(5) 改变你的个性、行为以及形象中自己所不喜欢的东西，强化你所喜欢的东西。

(6) 去表现你的新个性。

温馨提示：良好个性的形成不是一朝一夕的事情，需要长时间的努力。此外，要成功地塑造良好的个性，还必须以自己个性的内核为基础。这里所提供的个性塑造模式，将有助于你在自我发展的过程中迈开第一步。

工作任务一

制作 PPT，阐述客运服务人员的气质要求。

工作任务二

制作 PPT，阐述客运服务人员的性格要求。

工作任务三

制作 PPT，阐述培养客运服务人员良好的个性的方法并指导实际演练。

☞任务评价

培养客运服务人员的良好个性：

项目任务	培养客运服务人员的良好个性		
班级		姓名		评价时间	
【考核内容】			
考核项目	考核标准	分值	得分
客运服务人员的气质	叙述客运服务人员的气质要求	15	
客运服务人员的性格	叙述客运服务人员的性格要求	15	
培养客运服务人员良好的个性	叙述培养客运服务人员良好个性的方法	10	
	指导实际演练	10	
制作内容	制作能清晰展示 PPT 的演讲稿	15	
	要求类型分析准确，文字流畅	15	
	做到内容熟练、图文并茂	20	
指导教师意见：			
说明：1. 建议采用四级评分制（如 90%～100%，80%～90%，60～80%，<60%）。 2. 主要采用小组互评的方式进行评价，教师最后进行参考评分。			

任务四　轨道交通运输服务中个性的运用

☞任务导入

客运服务工作与人的个性差异之间存在着密切的联系。客运服务人员要善于观察、了解旅客的言行表现，与旅客建立良好的服务关系。个性具有一定的稳定性，它不是一朝一夕形成的，而是在各种因素长期综合作用下形成的，因而客运服务人员在短时间内把握旅客的个性具有一定的难度。但是客运服务工作的性质要求服务人员要克服客观条件限制，努力学习相关专业知识，善于从旅客的各种表现中把握旅客的个性特点，对不同的旅客应用不同的服务技巧，为旅客提供周到、细致的服务。

☞知识准备

一、性格差异与服务技巧

1. 冲动型的旅客

这类旅客在行为上表现为与人交流时候语速较快，会伴有肢体语言，情绪外露，容易冲动，脾气暴躁，急躁，没有耐心，遇到问题容易发火。

在为这类旅客服务时，一定要注意自己的服务态度和情绪控制，服务人员一个不经意的举动，很可能就会触及该类旅客的冲动点，激怒对方，从而引发不必要的矛盾。一且这类旅客有不逊的语言或冲动的行为，服务人员应尽量避其锋芒。

2. 随意型的旅客

这类旅客的特点就是无所谓，没有什么特别的要求，也没太多主见，纪律性不强，不太受约束，比较容易接受服务人员的推荐。

在为这类旅客服务时，应和蔼地为旅客说明各种规章制度并提出建议，引导他们自己下决心，如此可以节省时间，又增加旅客的信心和对客服人员的好评。

3. 妄自尊大型的旅客

这类旅客有种自大的感觉，认为自己是世界上最伟大的人，认为自己所做的都是对的，忽略他人的意见。

在为这类旅客服务时最好是顺从其意见，遵照他的话去做，不要与他争论。

4. 啰嗦型的旅客

这类旅客的特点是说话絮叨、繁复，说的很多内容都是不必要的内容，使人感觉麻烦。

在为这类旅客服务时要尽量避免和他长谈，因为一谈上就没完，影响工作。服务人员要温柔地将要点简明扼要地说明，让其接受，最忌辩论。

5. 健忘型的旅客

这类旅客容易忘记自己问过的事情，可能会反复询问相同的问题，容易让人感到无语和不耐烦。

在为这类旅客服务时一定要展现出专业素养，认真、耐心、细心地倾听、解答，有时甚至要主动提醒。

6. 活泼好动型的旅客

这类旅客善于交谈，活泼好动，喜欢与人交往，待人热情，情绪一般明显外露，高兴与否、满意与否都表现得很明显，给人一种温和、亲切、开朗和好相处的感觉。

在为这类旅客服务时要注重交谈的互动性，主动为他们提供更多的信息，表现出热情和礼貌，形成良好的第一印象。

7. 沉着型的旅客

这类旅客个性沉稳，不容易下决心，沉静安祥，善于克制和忍耐，慎重细致，做事踏实，固执己见。

在为这类旅客服务时，客运服务人员应注意严格按照服务的流程进行，适当关心，能对答如流，使其深信不疑，切忌过度打扰，在服务中要注意细节。

8. 寡言型的旅客

这类旅客平常很少说话，不喜欢被打扰和被关注，沉迷于自己的世界，情绪不外露。这类旅客注意力集中，给人以距离感。

在为这类旅客服务时，切忌打扰，当他向服务员提出要求或交代事项时，应专心听其意见，并简明扼要地提出建议，以确保服务的完整性。

9. 健谈型的旅客

这类旅客很喜欢聊天，一聊就没完没了，爽朗，嗓门大，情绪外显，给人以热情、大方的感觉。

在为这类旅客服务时应以适当的方法去暗示他，还要别的旅客服务，以便服务尽早结束。

10. 敏感细腻型的旅客

这类旅客孤僻，不合群，对事物反应较强，情绪体验深刻但又不外露，敏感细腻，脆弱多疑，很少去关注热闹的场合，对突发事件易感到闷闷不乐和沮丧。

在为这类旅客服务时，要仔细注意他们的情绪变化，服务中表现出对他们的尊重，但也不要过度关注他们，要表现得随意点，以免造成旅客的不自在。

【案例厅】

2017 年 7 月 5 日，从西安开往郑州的 G1914 次列车上，10 号车厢 6 排的 A 乘客和朋友电话聊天，嗓门特别大，不顾周围乘客的感受，时不时还发出哈哈大大笑声，6 排的 B 乘客觉得很烦，就起身离开，过了一会儿，B 乘客回到自己的座位上，发现自己放在小桌板上的平板电脑不见了。列车长和车厢乘务员按规定帮其寻找未果，B 乘客非常愤怒，对列车长和乘务员破口大骂。此刻 C 乘客忍不住站起来说："你们安静下，听我说……"只见他一边安抚 B 乘客，一边和列车长及乘务员交谈，一场矛盾就这样被平息下来。

问题 4-3：请分析 A、B、C 三位乘客分别属于哪种性格类型的乘客？

问题 4-4：根据三位乘客的性格类型，该如何提供服务？

二、气质差异与服务技巧

1. 多血质的旅客

多血质的旅客通常是活泼好动的，他们善于交谈，喜欢与人交往。为他们提供服务时要注重交谈的互动性，并主动为他们提供更多的信息。此外，他们的情绪一般明显外露，高兴或不高兴、满意或不满意都表现得很明显，服务人员可以根据旅客情绪调整服务策略。

多血质旅客好奇心强，情绪发生快而多变，注意力容易转移。因此，在为他们提供服务时，如果没有他们想要的饮料或餐食，可以通过转移注意力的方式，向他们介绍可能替代的品种，引起他们的注意。

2. 胆汁质的旅客

胆汁质旅客最大的特征就是容易冲动、脾气暴躁、难以自制等。他们在行为上表现得很明显，在与人的交流中，语速较快并伴有肢体语言，没有耐心，情绪外露，很容易急躁；碰到问题容易发火，一旦被激怒，就难以平静下来。

例如，遇到列车晚点时间较长的情况时，这类旅客会表现得比较激动，易与客运服务人员发生争吵，甚至出现拦堵检票通道等过激行为（图 4-6）。

在为这类旅客服务时，一定要注意自己的服务态度和情绪控制。服务人员一个不经意的举动，很可能会触到该类旅客的冲动点，激怒对方，从而引发不必要的矛盾。一旦这类旅客有不逊的语言或冲动行为，客运服务人员要避其锋芒。

3. 黏液质的旅客

黏液质旅客兴奋性低，不外露，反应速度慢，一般表现为沉静安祥，少言寡语。他们动作缓慢，善于克制和忍耐，做事踏实，慎重细致，但不灵活，易固执己见。在遇到意外情况时，这类旅客一般会选择接受事实，耐心等待，表现得很安静。

图 4-6　广州高铁晚点旅客与乘务员争吵

正因为如此，客运服务人员往往都弄不清楚这类旅客到底在想什么或需要什么。因此，在为该类旅客服务时，服务人员应注意严格按照服务流程进行，适当关心。

4. 抑郁质旅客

抑郁质旅客兴奋性低，反应速度慢而不灵活，具有刻板性。他们敏感细腻、脆弱多疑，孤僻寡欢，对事物的反应较强，情绪体验深刻，但很少外露。他们心里有事情一般不讲，表现为羞涩、不合群等，很少去热闹的场合。遇到列车晚点等特殊情况，情绪会大受影响，感到沮丧并闷闷不乐。

客运服务人员为他们提供服务的时候，要能够注意到他们的情绪变化，但也不要过度关注他们，要表现得随意一点，以免造成旅客的不自在，服务中要表现出对他们的尊重，避免引起他们的误会和猜疑。

【案例厅】

“啪”，突如其来的一个响声，让 VIP 候车室里所有的人头都转向了同一个方向。下一秒，大家发现是一位旅客将身份证扔在了一位客运服务人员的脸上。原本因为暴雨晚点导致嘈杂不已的服务现场立刻安静下来。而她，冲着要过来解围的同事和旅客们挥了挥手，示意大家不要过来。

空气中夹杂着一触即发的紧张气氛，还有异常尴尬的的宁静。许多旅客都暗自揣测着这个柔弱的女孩下一步会作何反应。有些旅客甚至在窃窃私语：“这个姑娘不是‘80后’就是‘90 后’吧？哪里受得了这种委屈啊！待会儿场面一定变得很激烈……”

问题 4-5：请分析这位旅客属于什么气质类型。

问题 4-6：针对这位旅客，该如何服务？

工作任务一

制作 PPT，阐述性格差异与服务技巧。

工作任务二

制作 PPT，阐述气质差异与服务技巧。

☞任务评价

轨道交通运输服务中个性的运用：

项目任务	轨道交通运输服务中个性的运用				
班级		姓名		评价时间	

【考核内容】

考核项目	考核标准	分值	得分
个性差异	叙述常见的个性差异	15	
气质差异	叙述常见的气质差异	15	
不同的个性与气质的服务技巧	简述不同个性的服务技巧	10	
	简述不同气质的服务技巧	10	
制作内容	制作能清晰展示 PPT 的演讲稿	15	
	要求类型分析准确，文字流畅	15	
	做到内容熟练、图文并茂	20	

指导教师意见：

说明：1. 建议采用四级评分制（如 90%～100%，80%～90%，60～80%，<60%）。
2. 主要采用小组互评的方式进行评价，教师最后进行参考评分。

☞思考与练习

一、不定项选择题

1. 个性的特征有（　　）。

A. 稳定性　　B. 独特性　　C. 整体性　　D. 倾向性

2. 个性的构成包括（　　）。

A. 个性的倾向性　　B. 自我意识　　C. 积极性　　D. 个性心理特征

3. 荣格依心理倾向于内心世界还是外部世界，将性格类型划分为（　　）。

A. 独立型　　B. 内倾型　　C. 外倾型　　D. 内外平衡型

4. 个性倾向性是以人的需要为基础、以（　　）为指导的动力系统。

A. 世界观　　B. 价值观　　C. 人生观　　D. 物质

5. （　　）就是人在长时间的生活中形成的一种遇到突发事件时所表现出的一贯性的个体素质，它具有相对稳定性。

A. 性格　　B. 身体素质　　C. 心理素质　　D. 黏液质

二、填空题

1. （　　）旅客的神经特点是感受性低，耐受性高，不随意反应性强，具有可塑性，情绪兴奋性高，反应速度快而灵活。

2. （　　）旅客的心理特点是沉静、对问题感受和体验深刻、持久，情绪不容易表露，反应迟缓但是深刻，准确性高。

3. （　　）旅客的特点是强势，好胜，具有强烈的进取心，脾气急躁，黑白分明，喜欢挑战权威，固执，不听别人规劝，刚愎自用。

4. （　　）旅客的特点是无所谓，没有什么特别的要求，也没太多主见，纪律性不强，不太受约束。

三、简答题

1. 简述气质差异与服务技巧。

2. 简述培养客运服务人员良好的个性的方法。

3. 简述客运服务人员气质和性格的要求。

四、案例分析题

阅读下列案例，回答问题。

某天，重庆开往广州的列车由于故障在中途停车等待。当日天气非常闷热，列车非常憋闷，有些旅客按捺不住急躁的心情。A和B冲到列车乘务员面前，A说："怎么回事？大家都急着走，给大家一个交代！"B一边拍着座椅一边说："到底要多久才能走，耽误了我的生意，你们负责吗？"列车乘务员说："先生，请稍安勿躁，列车出现了故障，我们已经在抢修了。"A说："抢修，抢修多久？能不能给个准确的答复？"B说："列车出现了故障，是你们的责任，不应该让我们乘客来承担这个责任和损失，叫你们领导来，给我们大家一个说法！你叫不叫，不叫我就把这椅子给砸了！"A想起有个朋友在铁路系统工作，于是掏出手机打电话开始咨询详细的情况。C则黯然伤神：倒霉的一天，坐个车还碰上了列车故障。D在整个过程中一言不发，默默等待。

1. 请说说这四位旅客分别是什么气质类型？

2. 如果你是该趟列车的列车乘务员，该如何面对B的责难？

3. 针对这四位旅客，该如何给他们提供优质的服务？

答案：

一、1. ABCD。2. ABD。3. BCD。4. A。5. C。

二、1. 多血质。2. 抑郁质。3. 力量型。4. 随意型。

三、略。

四、略。

☞**任务实施**

实训：形形色色的旅客

一、活动目的

深入认识铁路旅客群体心理效应与群体事件的影响。

二、活动准备

1. 全班同学分成若干组（5～6人一组）。

2. 各组成员分工，每人扮演一种个性的旅客，要在同一个情境中表现出来各自的特征。

三、活动过程

1. 分组表演

每个小组设计一个情境（可以是候车、上车、列车运行中、用餐、寻找行李等），小组成员在该情境在将自己的角色（不同气质不同个性）特点表现出来。表演之前不公布表演角色的个性特征（但可以说角色的基本情况，如我们组扮演的旅客分别是一名商务人士、一名学生、一名儿童、一名老人、一名孕妇、一名军人，等等)，只用动作、语言、神态等表现即可。

2. 角色竞猜

当一个小组表演完以后，其他组的同学可以用抢答的方式猜出一个角色的个性特征(气质、性格）的类型，猜对一个再进行下一个角色的竞猜。

3. 分享交流

各组同学都表演完竞猜后，全班同学分享经验：各种角色类型中，哪位同学表演得最像，最容易被猜对？哪位同学的表演不够典型？如果在工作中遇到了这种难以确定个性特征的旅客，应该怎么做？

4. 活动总结

活动完成后，每人写一篇300字以上的心得体会。

☞项目学习评价

学习完本项目后，请根据自己学习所得，结合下表内容进行评价。分A、B、C三个等级进行评价。A：充分；B：一般；C：不足。

评价内容	评价方式			评价等级
	自评	小组评议	教师评议	
课前预习本项目相关知识、相关资料				
掌握个性的基础知识				
学会分析客运服务人员的气质类型				
学会分析客运服务人员的性格类型				
掌握培养客运服务人员良好个性的方法				
能针对不同气质的旅客提供不同的服务				
能针对不同性格的旅客提供不同的服务				
参与教学中的讨论与练习，并积极完成				
善于与同学合作				
学习态度及完成作业情况				
总评				

项目五　需要与轨道交通运输服务

☞项目引言

人的行为活动都是出于满足自己的生理或心理需要引起的。也就是说，人的需要是一切行为和活动的原始动因。旅客运输服务的本质就是满足或超越旅客的需要，不同的旅客有不同的需要，即使是同一旅客在不同的环境之中的需要也是不一样的。作为客运服务人员不可能一一满足旅客的所有需要，所以，只有及时了解、掌握旅客在旅行中的主导需要，才能有针对性地开展服务，为旅客提供优质的服务，提高旅客的满意度。

☞项目任务书

<table>
<tr><td>名称</td><td colspan="2">需要与轨道交通运输服务</td></tr>
<tr><td rowspan="3">学习目标</td><td>知识目标</td><td>了解需要的特征、含义、分类
理解马斯洛需求层次理论
掌握旅客的一般需要
掌握旅客的特殊需要
掌握特殊旅客的服务需要</td></tr>
<tr><td>技能目标</td><td>能识别旅客需要的外部表现
能运用旅客的共性需要对旅客群体进行有针对性的服务
能识别在不同的工作流程中旅客的主导需要
能辨析在一般旅客各层次的需要</td></tr>
<tr><td>素质目标</td><td>具有良好的社会公德、职业道德和专业基本素质
具有强烈的法律意识、安全意识与自我保护意识
具有沟通协调能力、语言表达能力、管理能力
培养团结协作、热情有礼、认真细心、遇事不惊的职业素养</td></tr>
<tr><td>学习内容</td><td colspan="2">任务一　解析人的需要
工作任务一　阐述需要的基础知识
工作任务二　阐述马斯洛需求层次理论
任务二　用需求层次理论分析旅客的需求
工作任务一　阐述旅客的需求
工作任务二　阐述旅客旅行过程中的共性心理需求
工作任务三　阐述旅客在旅行各阶段的共同需要
任务三　特殊旅客的服务需要
工作任务一　阐述特殊旅客的分类
工作任务二　阐述特殊旅客的服务技巧与服务原则
工作任务三　阐述旅客在特殊情况下的需要</td></tr>
</table>

续表

任务描述： 客运服务人员应了解需要的概念、特点及马斯洛需求层次理论；能准确判断旅客在旅行过程中所产生的需要，熟悉并运用需要的心理学知识为不同类型的旅客群体提供有针对性的服务；掌握特殊旅客的服务技巧，能运用这一技巧为特殊旅客提供有针对性的服务，并能针对旅客在旅行过程中出现的突发事件，找到他们的需要，进行有效地解决。 任务完成时要求做到： 1. 阐述需求的特点及马斯洛需求层次，准确判断旅客的需要。 2. 针对旅客的需要，提供有针对性的服务。 3. 针对突发事件能提出解决方案。 4. 掌握特殊旅客的服务技巧与原则。 5. 能根据这一技巧与原则提高对特殊旅客的服务质量。 6. 能有效处理旅客在旅行过程中的各种需要。 任务实施说明： 1. 将授课班级进行分组，5～6 人为一个学习团队。 2. 每个学习团队组织学习，进行项目任务分析、任务分配。 3. 资料学习、相关知识准备，完成项目的资讯环节。 4. 现场教学、资源利用，完成项目的实训环节。 5. 学习团队按照任务分派制作相关的 PPT，派代表上台进行汇报。

【案例导入】

秦二世元年（公元前 209）秋，秦朝廷征发闾左贫民屯戍渔阳，陈胜、吴广等 900 余名戍卒被征发前往渔阳戍边，途中在蕲县大泽乡（今安徽省宿州市）为大雨所阻，道路泥泞不堪，他们衣不蔽体，在风雨中冻得瑟瑟发抖，大多数人赤脚在泥水中一步一步艰难跋涉，行军速度极慢，不能如期到达目的地。根据秦朝法律，过期要斩首。情急之下，陈胜、吴广领导戍卒杀死押解戍卒的军官，发动兵变。起义军推举陈胜为将军，吴广为都尉，连克大泽乡和蕲县，并在陈县（今河南淮阳）建立张楚政权，各地纷纷响应。

问题 5-1：请从需要的角度分析陈胜和吴广为什么发动大泽乡起义。

任务一　解析人的需要

☞任务导入

心理学理论告诉人们，对客观事物的认识和态度，总是以某种事物是否能够满足人们的需要为中介。人的一生有各种各样的需要，不同的人有不同的需要，不同时期有不同的需要。没有无需要的人，没有无需要的时候。

☞知识准备

一、需要的概念

需要是个体对其生存和发展的某些条件感到缺乏而出现体内平衡倾向和择取倾向，

力求获得满足的一种心理状态。此概念有三个基本意思：个体生活体缺乏时（如饥、寒、不识字，即缺食、缺衣、缺文化等）称为缺乏状态；个体生活体去平衡这种缺乏状态（要吃、要穿、要读书），这种平衡是个体生活体内部的自动平衡；个体生活体去择取缺乏物（吃饭、穿衣、识字）。

缺乏状态是需要产生的原因，是由于出现缺乏状态的平衡，进而有对缺乏之物的择取。但是，需要不是平衡过程本身和择取本身，而是这个平衡的倾向和择取的倾向，需要是作为“倾向”出现的。

二、需要的特点

（一）对象性

人的需要不是空洞的，而是有目的、有对象的，而且也随着满足需要的对象的扩大而发展。人的需要的对象既包括物质的东西，如衣、食、住、行，也包括精神的东西，如信仰、文化、艺术、体育。各种需要彼此之间的区别，就在于需要对象的不同。但无论是物质需要还是精神需要，都必须有一定的外部物质条件才能满足。例如，居住需要房子，出门要有交通工具，娱乐要有场所，等等。

（二）阶段性

人的需要是随着年龄、时期的不同而发展变化的。也就是说，个体在发展的不同时期，需要的特点也不同。比如，婴幼儿主要是生理需要，即需要吃、喝、睡；少年时代开始发展到对知识、安全的需要；到青年时期又发展到对恋爱、婚姻的需要；到成年时，又发展到对名誉、地位、尊重的需要等。

（三）社会制约性

人不仅有先天的生理需要，而且在社会实践中，在接受人类文化教育过程中，发展出许多社会性需要。这些社会需要受时代、历史的影响，又受阶级性的影响。在经济落后、生活水平低下时期，人们需要的是温饱；在经济发展、生活水平提高的时期，人们需要的不仅是丰裕的物质生活，同时也开始需要高雅的精神生活。具有不同的阶级属性的人的需要也不一样：资产阶级需要的是不劳而获、坐享其成；工人阶级需要的是自由、民主、温饱和消灭剥削。由此可见，人的需要又具有社会性以及历史与阶级的制约性。

（四）共同性和独特性

人与人之间的需要既有共同性，又有独特性。由于生理、遗传因素、环境因素、条件因素不同，每个人的需要都有自己的独特性。年龄不同的人、身体条件不同的人、社会地位不同的人、经济条件不同的人，都会在物质和精神方面有不同的需要。

（五）驱动性

需要产生时，人为了消除生理或心理上的紧张，就会想法设法去实现它，这时，需要就变成了驱动力推动着人们去行动，以求得生理和心理上的平衡。需要越强烈，对人的行为驱动的力量就越大。比如，当一个人处于口渴的状态，就会对饮料或水产生需要，而一旦他补充了足够的水分，最好喝的饮料也引不起他多大的欲望。

三、需要的分类

（一）根据需要的起源来划分，可分为自然需要和社会需要

1. 自然需要

自然需要又称生理需要或本能需要，它是周期性产生的，是人类对维持生命和繁衍后代的必要条件的需要。比如，为了达到内部稳定性及与外界的平衡性的需要有：避寒、休息、阳光、空气、水、防暑等。

2. 社会需要

社会需要是指人类在一定的社会环境中，对劳动、知识、社会道德、审美、宗教信仰、成就和尊重等方面的需要，它表现为这样或那样的不同社会要求。比如，劳动的需要表现为向往劳动，热爱劳动，如丧失劳动机会，就会感到不安；交往的需要表现为希望和别人在一起，不愿意被孤立、隔离，喜欢和合得来的人相处。

（二）根据需要的不同对象来划分，可分为物质需要和精神需要

1. 物质需要

物质需要是指人对物质产品的需要，它既有对自然的需要又有对社会的需要，是人们生存的基础，比如，饮食、空气、住房、交通工具、文化娱乐用品等。人的物质需要是随着社会的进步和生产力的发展而不断提高和发展的。

2. 精神需要

精神需要主要指个体对一定的文化、艺术、科学知识、道德观念、政治信仰、宗教信仰、社会交往等活动的需求。比如，人们对事业理想的追求、知识的渴求、艺术的欣赏、爱的追求等表现为精神需要。

物质需要与精神需要之间有着密切的关系，不可孤立地划分。人们在追求物质需要的同时也表现出某种精神需要，如向往整洁、雅静的住房，入时的衣着，音质优美的音响系统等。精神需要的满足也离不开一定的物质产品，如满足阅读的需要不能没有报纸、杂志、书籍以及图书馆等物质条件，满足艺术欣赏的需要不能没有乐器、表演者的服饰及表演场地等。

四、马斯洛需求层次理论

马斯洛（图 5-1）是 20 世纪 50 年代中期兴起的人本主义心理学派的的主要创始人。他的理论既不同于行为主义的外因决定论，又不同于弗洛伊德的生物还原论，而是“第三势力”学说即人本主义心理学，他的动机理论体现在《劳动和人格》一书中。马斯洛认为，人的动机是由五种需要构成的，这些需要存在于个人内部，由低到高，有层次高低之分。

马斯洛需求层次理论有两个根本论点：①人是有需要的动物。人的需要产生人的动机，而人的动机导致和影响人的行为，同时，人的需要取决于他已经得到了什么？尚缺少什么？只有尚未满足的需要能够影响行为。换言之，已经得到满足的需要不再能起激励作用。②人的需要都有轻重层次。某一层次需要得到满足后，另一层需要才出现。

图 5-1　马斯洛

马斯洛把人各种各样的需要归纳为五级：生理需求、安全需求、归属需求、尊重需求和自我实现的需求（图 5-2）。在他看来，人类价值体系存在两类不同的需要：一类是沿生物谱系上升方向逐渐变弱的本能或冲动，称为低级需要和生理需求；另一类是随生物进化而逐渐显现的潜能或需要，称为高级需求。人都潜藏着这五种不同层次的需要，但在不同的时期表现出来的各种需要的迫切程度是不同的。人的最迫切的需要才是激励人行动的主要原因和动力。人的需要是从外部得来的满足逐渐向内在得到的满足转化。

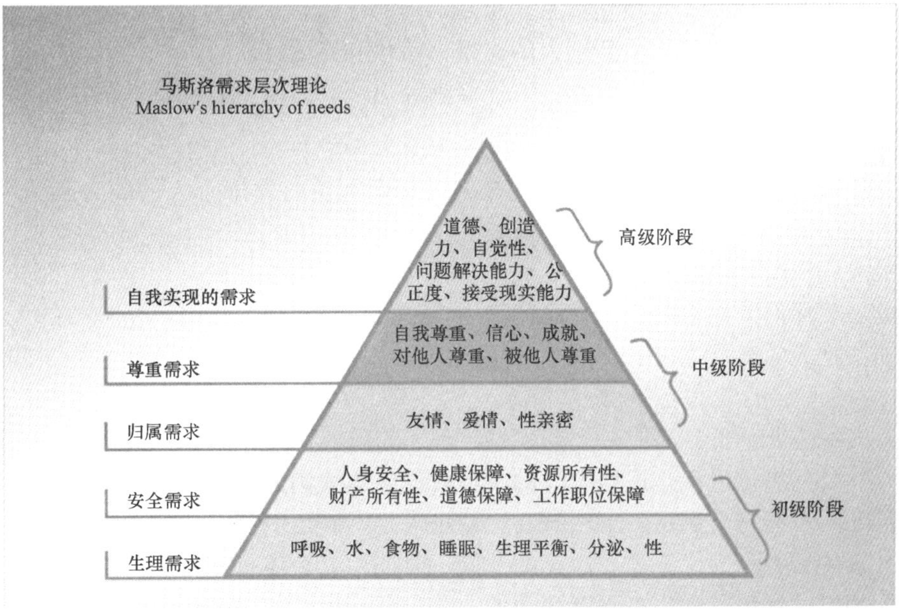

图 5-2　马斯洛需求层次理论

（一）生理需求

生理需求是人类维持自身生存的最基本要求，包括饥、渴、衣、住、行的方面的要求。如果这些需要得不到满足，人类的生存就成了问题。在这个意义上说，生理需要是推动人们行动的最强大的动力。马斯洛认为，只有这些最基本的需要满足到维持生存所必需的程度后，其他的需要才能成为新的激励因素。而到了此时，这些已相对满足的需要也就不再成为激励因素了。

（二）安全需求

安全需求是人类要求保障自身安全、摆脱事业和丧失财产威胁、避免职业病的侵袭、接触严酷的监督等方面的需要。马斯洛认为，整个有机体有一个追求安全的机制，人的感受器官、效应器官、智能和其他能量主要是寻求安全的工具，甚至可以把科学和人生观都看成满足安全需要的一部分。当然，当这种需要一旦相对满足后，也就不再成为激励因素了。

（三）归属需求

归属需求又称社交需求：一是友爱的需要，即人人都需要伙伴之间、同事之间的关系融洽或保持友谊和忠诚；人人都希望得到爱情，希望爱别人，也渴望接受别人的爱。二是归属的需要，即人都有一种归属于一个群体的感情，希望成为群体中的一员，并相互关心和照顾。感情上的需要比生理上的需要来得细致，它和一个人的生理特性、经历、教育、宗教信仰都有关系。

（四）尊重需求

人人都希望自己有稳定的社会地位，要求个人的能力和成就得到社会的承认。尊重的需要又可分为内部尊重和外部尊重。内部尊重是指一个人希望在各种不同情境中有实力、能胜任、充满信心、能独立自主。总之，内部尊重就是人的自尊。外部尊重是指一个人希望有地位、有威信，受到别人的尊重、信赖和高度评价。马斯洛认为，尊重需要得到满足，能使人对自己充满信心，对社会满腔热情，体验到自己活着的用处和价值。

（五）自我实现的需要

这是最高层次的需要，它是指实现个人理想、抱负，发挥个人的能力到最大限度，完成与自己的能力相称的一切事情的需要。也就是说，人们必须干称职的工作，这样才会感到最大的快乐。马斯洛提出，为满足自我实现需要所采取的措施是因人而异的。自我实现的需要促使人们努力展现自己的潜力，使自己越来越成为自己所期望的人物。

马斯洛把人的五层需求看作一个有组织的系统，是一个层次结构，它们之间的关系如下。

（1）人的需要从低到高有一定层次性，但不是绝对固定的。

（2）需要的满足过程是逐级上升的。当较低级需要满足后，就向高层次发展。这五个层次需要不可能完全满足，层次越高，越难满足，满足的百分比越少。

（3）人的行为是由优势需要决定的。同一时期内，个体可存在多种需要，但只有一种占支配地位。优势需要是在不断变动的。

（4）各层次需要互相依赖，彼此重叠。较高层次需要发展后，低层次的需要依然存在，只是对人行为影响的比重降低而已。

（5）不同层次需要的发展与个体年龄增长相适应，也与社会的经济与文化教育程度有关。

（6）高级需要的满足比低级需要满足的愿望更强烈。同时，高级需要的满足比低级需要的满足要求更多的前提条件和外部条件。

（7）人的需要满足程度与健康成正比。在其他因素不变的情况下，任何需要的真正满足都有助于健康发展。

（8）越是底层的需要，力量越强大。

【实际演练】

根据马斯洛需求层次理论进行自我分析，现阶段你的需要有哪些？

1. 我的生理需要有。
2. 我的安全需要有。
3. 我的归属需要有。
4. 我的尊重需要有。
5. 自我实现的需要有。

工作任务一

制作 PPT，阐述需要的基础知识。

工作任务二

制作 PPT，阐述马斯洛需求层次理论。

☞任务评价

掌握需要的基础知识：

项目任务	洞悉人的需要				
班级		姓名		评价时间	
【考核内容】					
考核项目	考核标准			分值	得分
叙述需要的基础知识	需要的概念、分类、特征			15	
马斯洛需求层次理论	马斯洛需求层次的关系			10	
	马斯洛需求的五层			25	
制作内容	制作能清晰展示 PPT 的演讲稿			15	
	要求类型分析准确，文字流畅			15	
	做到内容熟练、图文并茂			20	
指导教师意见：					
说明：1. 建议采用四级评分制（如 90%～100%，80%～90%，60～80%，<60%）。 2. 主要采用小组互评的方式进行评价，教师最后进行参考评分。					

任务二　用需求层次理论分析旅客的需求

☞任务导入

通过对各种旅客的心理需要以及旅客对各个层次需要的分析，将心理学与轨道交通运输服务有机地结合起来，明晰地阐述客运服务的本质及旅客心理需要，达到强化服务意识、端正服务态度、完善服务环境、提高服务手段的目的，以求为旅客提供相对应及时、周到的优质服务。马斯洛的需要层次理论对研究需要和动机具有重要的意义，为学生与读者认识和分析旅客的需要提供了重要的理论依据。

☞知识准备

一、旅客的需求

（一）旅客对生理的需求

生理需要是旅客对饮食、座位、环境和休息等方面的需要（图 5-3）。随着经济的发展，人们生活水平的提高，旅客普遍希望食品、饮料可口；车上环境幽雅、整洁，空气清新，有合适的温度、湿度；座椅舒适，有更大的空间等。因此，服务人员要尽可能将服务做得细致、周到，以满足旅客各方面的生理需要。

图 5-3　旅客的生理需求

（二）旅客对安全的需求

旅客对安全的需要包括人身安全方面和财产安全方面。大家都不希望在旅途中有任何事故发生。列车是否晚点、是否无故障、行李是否安置得当等，都是旅客特别关注的问题（图 5-4）。

图 5-4　旅客的安全需求

（三）旅客对归属的需求

与一般人的社交需求一样，旅客需要与别人、特别是客运服务人员建立友好的关系，旅客们在外的时间长短不一，但是由于远离家乡和亲人，难免会有寂寞孤独感，所以希望与接触到的人建立和谐友好的人际关系，交流情感，减轻同亲人分离的焦虑和牵挂。客运服务人员和旅客建立良好的关系，旅客和旅客之间创造出和谐的气氛，会让旅客有归属感。

【案例厅】

优质的服务让旅客有归属感

目前独生子女在异地就业的现象越来越普遍。因为工作、生活的压力，他们大多数人都无暇陪同父母出行，老人是否能独自乘车、安全抵达目的地，就成为子女心中最大的牵挂。

2016 年 9 月 6 日，《安徽日报》报道，泾县一位六旬老人独自一人坐高铁从泾县出发，准备前往合肥看望儿子。由于经验不足，这位老人提前下车，与子女失联了三个小时之久，把合肥接站的儿子吓得够呛。

铁路民警发现，在列车经停铜陵北站时，这位老人看到车厢中有人下车，便也跟着下了车，等到出站时才发现下错了站，老人一度手足无措，好在遇到了铁路民警。铁路民警一边安慰老人，并把她安置在办公室，端上热茶热饭，一边积极想办法与老人的儿子进行联系，并把老人安全送到儿子身边，母子团聚，老人的儿子感动地和客运服务工作人员及民警说："你们就像我的家人，急我所急，想我所想，谢谢你们把我的母亲照顾得这么好！"

问题 5-2：请根据以上案例分析旅客的归属感体现在哪些方面。

（四）旅客对尊重的需求

旅客作为消费者，在消费的过程中总希望获得客运服务人员的理解和尊重，关怀和帮助。因此，要在客运服务中为其提供周到、细致的服务和人性的关怀。要尊重旅客不同的信仰、习俗、人格及要求，等等。

【案例厅】

2015 年 11 月 9 日，从福建发往江西的一趟列车上，因行李问题导致旅客与客运服务人员发生纠纷。该趟列车客满，行李架基本被大大小小的行李塞满，坐在 19C 座位的旅客上车后，发现头顶的行李架已经放满，客运服务员协助调整后，仍不能摆下该旅客的箱子。客运服务员引导其将行李放在邻近车厢的行李架上，该旅客以提拿行李不方便为由拒绝了，要求客运服务人员再次把行李调整到 19C 排左右的行李架内，于是客运服务员再次引导将行李拿至大件行李处安放，哪知大件行李处也已经放满。旅客当场发飙，举起自己的箱子在头顶上，大声喊道："不用麻烦你们了，我用头顶着！"

客运服务员被眼前的这一幕吓呆了，不知道如何是好，过了一会儿，客运服务员激动地说："你这也不行，那也不行，车上的行李这么多，你要我怎么办呢？"眼看着这两人就要起冲突了。这时坐在 17C 的旅客站起来说："我们出行都是要顺利地到达目的地，大家都不要这么激动。客运服务人员也不容易，我们对他们的工作也给予理解和支持，我把我的行李拿到邻近车厢，把你的行李放在我这个位置，问题就解决了！"这位旅客赢得了其他人尊重的微笑，在后续服务中，客运服务人员多次向他表示感激之情。

问题5-3：坐在17C的这位旅客是如何赢得尊重的？如果你是这位客运服务人员，你该如何做以满足旅客对尊重的需要？

（五）旅客对自我实现的需求

旅客的自我实现需求在某种程度上可以理解为追求自身价值的体现，即期望享受到的服务与其意识到的自身价值相符。所以，个性化的特色服务越来越受到旅客的追捧。要满足旅客的这种需要，客运服务人员应能提供一些有特色的、有针对性的服务，甚至是量身定做的服务内容，“一刀切”的大众化的服务模式是不能令所有旅客满意的。

二、旅客旅行过程中的共性心理需求的表现

（一）安全心理

旅客乘车旅行最根本的需要就是安全的需要，它包括人身安全和财产安全两方面。每一位旅客都希望车站有良好的治安秩序，倘若治安不好，会使旅客提心吊胆。为保证旅行安全，旅客常综合考察自然环境状况、社会治安情况和运输工具的安全性等内容，再作出是否旅行的决定。

当亲友出门旅行时，祝福他们“一路平安”，这代表了出门旅行者最普通、最基本的共性心理要求。既然是“一路平安”，就是指旅客从离开家门，一直到目的地，包括旅行的全过程都平平安安。

“平安”就是不发生任何危及人身安全和财物安全的意外事故，也就是不会发生人身碰伤、挤伤、摔伤、烫伤等情况，旅行中所携带的财物、文件资料保持完整，不会发生任何丢失或损坏。

在旅客运输服务过程中，努力实现旅客旅行的安全心理要求，这是所有客运服务人员的首要工作。这要求铁路运输部门加强社会、铁路沿线、车站和列车的治安管理，从技术装备上提高运输载体的安全性，从安全管理上提高客运服务人员对不安全因素的预测和及时处理的能力。

（二）顺畅心理

送亲友出门旅行时，除了祝福他“一路平安”外，常说的另一句话就是“诸事顺利”。旅行中的顺利、愉快问题，也是出门旅行者的一个共性心理要求。

旅客到车站购票，能够顺利地买到自己需要的车票；上车时，人虽然多，但能够顺利地找到座位，在用餐时间，车站或列车上能够提供经济、卫生、可口的食品；食用自带食品时，车站或列车能够随时提供开水；列车在运行途中，因某些原因，如铁路线路施工、意外运行事故等而耽搁，在这种情况下，能否保证列车正点到达终点；准备换车时，有充裕的时间赶上接续换乘的列车，等等，这些都是旅客出门旅行的顺畅心理要求。

要满足每位旅客的顺畅心理要求，做到时时顺畅、事事顺畅是不现实的。但是，从旅客运输服务管理角度，应尽最大的努力满足旅客的需要。在为满足旅客需要而做工作的同时，还要做好宣传工作。对旅客要有良好的服务态度，遇到不能满足旅客要求的事情，要进行耐心解释，使旅客明白为什么需求没有得到满足。在旅客旅行的过程中，由

于运输部门的原因而发生的延误，影响到旅客旅行的顺利进行，旅客有权了解事件发生的原因，运输服务人员必须把事情的真相通告给旅客，让旅客心里有数，使其能够对自己下一步的行为进行计划。

（三）快捷心理

随着社会的发展，人们的时间观念发生了重大的变化，“快捷”成为旅客一个主要要求。缩短旅行时间，迅速到达目的地，可以节约时间，同时减少旅行疲劳。

（四）方便心理

方便的需要表现在购票、进出站、上下车以及中转乘车等万面的便捷性。“方便”要求减少旅行中的各种中间环节，达到“快捷”的目的。旅客出门旅行，希望处处能多方便，这是一种很普遍的共性心理。

为了适应旅客的方便心理，需要采取一些措施，如售票处多开售票窗口，减少旅客排队等候时间；延长售票时间，使旅客随时都能购票；妥善设置候车室、检票口、站内通道引导牌等，减少旅客进站上车的走行距离；列车上每节车厢保证开水及时供应，等等。满足旅客的方便心理要求，其要点是使旅客感到处处、事事、时时方便，节省时间，能够使事情顺利办成。

（五）经济心理

经济心理表现在旅行需要的满足程度与所付出的费用和时间相比较，希望在一定的需要满足程度之下，所付出的费用和时间最少，但旅客在乘车旅行中对经济性的考虑，一般是将两个因素结合在一起：一是花钱的多少；二是由谁出钱，是自己出钱还是公司或单位报销。

（六）舒适心理

随着经济的发展，人们生活水平的提高，旅客对旅行的舒适性的要求提到重要日程，对乘车环境、文化娱乐、饮食、休息睡眠等内容的要求相应提高。这种需要的强度和水平受多种因素影响，特别是旅行时间的长短往往是起决定作用的因素。

（七）安静心理

旅客出门旅行，离开家或工作场所，来到车站，与其他旅客一起共同旅行，一直处于动荡状态中。在嘈杂的环境中，尽量保持安宁，减少喧哗，动中求静，这是人之常情，是大多数旅客的共同心理需求，尤其是在人较多的候车室和车厢内，这种要求更为迫切。

要保持旅客旅行中的安静环境，一方面旅客本身要约束自己，不要大声说话、喝酒猜拳、来回走动等。另一方面，客运服务人员有责任加强对乘车环境的管理，积极地组织诱导旅客，制止不利于安静的事件，避免旅客大声喧哗、嘈闹，更要避免与旅客发生口角、争吵，以免影响旅客休息。

心情安静与否，在一定程度上取决于人对环境的感受。一个井然有序的环境，可以使人心平气和，心情平静。因此，要求客运服务人员加强对环境有序性的管理，这种有序性包括两方面：一是物的有序性（例如行李架上物品摆放），二是人的有序性。另外，保持公共场所的清洁卫生也是有序性的一种表现。清洁、卫生的环境使人心情愉快，心情平静；脏、乱、异味弥漫空间的旅行环境，会使人们心里烦躁、心情郁闷而不能平静。

三、旅客在旅行各阶段的共同需要

旅客在旅行的不同阶段存在不同的心理活动和需要。因此，客运服务人员要了解每一阶段旅客的需要，从而实施针对性的服务，以保证旅客的需求得到满足。

（一）旅行动机的产生

人们为了满足各种需要，有的为了康乐需要（满足身心健康、满足休息），有的为了购物的需要；有的为了业务（如专业考察、学术交流、各类会展、商务活动）的需要；有的为了文化交流的需要等，而产生了外出旅行的愿望，当具备了一定的客观条件之后，这些旅行的动机就产生了。

（二）出行工具的选择

由于现代交通比较发达，出行的交通工具也多样化，旅客需要根据自己的实际情况选择出行工具。对时间需求较高的旅客可以选择飞机，对路上风光需求较高的旅客可以选择高铁；对经济需求较高的旅客可以选择普通列车，对自由需求较高的旅客可以选择自驾，等等。

（三）购票

旅客希望能够买到符合个人要求的乘车日期、车次、座位的车票，因而铁路运输部门应及时公布车次、票价、余票等信息；旅客在购票的过程中希望快捷、方便、售票准确无误，因而铁路运输部门应提供在线购票、选座、送票到家等多种服务。

（四）去车站

如果旅客自驾去车站，需要有停车位，路上通畅，不要产生任何意外；坐公交去车站，要坐对车；坐出租车去车站，需要打车顺利，当然也可以提前预约，出租车司机路上安全第一，速度第二。无论采取以上哪种方式去车站，都需要预估好时间，带好行李（图 5-5）。

图 5-5　去车站预约很重要

（五）进站上车

（1）希望安检处排队等待时间较少，能顺利进入。

（2）希望办理物品托运的手续简单，迅速准确，能够在一个地方一次性办完，不必增加搬运次数。

（3）希望候车场所清洁、温度适宜、空气清新、照明充足，各种指示牌简明，广播及时、清楚，检票地点明显（图 5-6）。

图 5-6　大连站旅客有序检票上车

（4）信息不清楚时，希望能够快速得到清楚、正确的回答，希望服务人员态度良好，回答时有耐心。

（5）提前到达时，候车时间较长，希望能够有专门的休息地点，有适宜的用餐、购物、文娱活动场所等。

（6）需要对随身携带物品寄存时，希望手续简单、寄存可靠、不发生物品损坏、寄存费用低廉。

（7）旅客较多时，希望能按时、有秩序地检票，有秩序地上车。

（8）漏乘时，希望能够快速进行改签或退票。

（六）车上旅行

（1）在车厢内希望能迅速找到座位，放置好物品，车内卫生间干净、饮水饮食方便，能够提前通报到站站名，有一定的娱乐设施，特别是对于长距离旅行的旅客来说，这点更重要（图 5-7）。

图 5-7　京沪高铁的车上旅行

（2）在卧铺车厢内，希望乘车环境清洁、安静、得到舒适的休息，旅行途中不被干扰。

（3）在餐车用餐，希望食物卫生可口，种类丰富，价格合理，用餐方便。

（七）到站下车

旅客到达目的地车站后，希望迅速有秩序地离开车站，检票快捷，方便提取托运行李。出站后，希望交通、饮食、住宿比较方便。

（八）继续换乘

换乘的旅客希望快速找到换乘通道，换乘标识明显，旅客能有秩序、迅速地进行换乘。换乘的旅客更希望能得到客运服务人员的热情帮助。

四、满足旅客旅行共性需要的心理服务措施

为满足旅客旅行心理需要，铁路部门提出了全方位心理服务理念。全方位心理服务就是将旅客旅行过程中产生的所有心理活动综合在一起考虑，使旅客的需要得到满足的一种服务思想。实施全方位心理服务可以从以下三方面入手。

（一）延伸服务

延伸服务包括旅客进入车站及出站后所有方面，其主要服务项目包括以下三点。

（1）加强旅客运输服务信息的宣传与信息的咨询。根据旅客旅行的需要预先或随时提供旅客所需要的各种信息，通过沟通促进旅客与旅客运输部门之间的相互了解。

（2）做好与其他交通工具的协调配合，满足旅客集结、疏散、中转乘车的需要，加强旅客列车发生晚点等异常运行情况时对旅客的组织。

（3）加强旅馆、餐饮业的组织和管理，满足旅客住宿、饮食方面的需要。

（二）车站服务

车站服务项目，可以从以下三方面管理和设备设施方面入手。

（1）加强铁路客运服务人员的职业培训与管理，提高客运服务人员的管理水平、业务能力和职业道德水平，提供热情、周到、令旅客满意的服务，保证对旅客进站、出站、上下车进行有效组织（图 5-8）。提高中转、补票、退票、漏乘等方面的服务质量。

图 5-8　南宁站车站服务

（2）车站设计合理化。合理设计车站进出口，使其有利于旅客的进出，增加购物、饮食、饮水、厕所、娱乐、休息等服务设施。

（3）采用先进的技术设备，如自助售票系统、旅客自动引导显示系统、列车到发计算机通告系统、旅客信息咨询系统、广播系统等，满足旅客对旅行信息、购票、上下车等方面的要求。

（三）列车服务

提高列车服务质量同样需要从管理和设备设施入手。

（1）加强对列车工作人员技能培训，提高列车工作人员的素质和服务水平，做到随时根据旅客的需要提供满意的服务。

（2）合理安排列车的饮食供应，提供物美价廉的食品和饮料。

（3）从旅客列车车体的设计和运用考虑，提高车体座位的舒适性，加强车厢内的通风、温度调节，增加车厢内的娱乐设施，提高列车运行速度，缩短旅客的旅行时间。

在旅客运输市场不断趋于激烈竞争的情况下，提高客运服务质量，努力树立旅客运输企业的形象，从根本上就是要满足旅客的需要，为旅客提供全方位的服务。了解的旅客的需要，有针对性地采取措施，是提高旅客运输企业的竞争力的重要措施。

【实际演练】

春运期间，旅客小王要乘坐从郑州开往上海的 D308 次列车回家，由于堵车，小王到车站已经是 22：37，车票上发车的时间为 22：41，检票员告知其错过了检票时间，小刘情绪很激动，强烈要求进站上车。

如果是你车站服务工作人员，你将如何处理？

工作任务一

制作 PPT，阐述旅客的需要。

工作任务二

制作 PPT，阐述旅客旅行过程中的共性心理需求。

工作任务三

制作 PPT，阐述旅客在旅行各阶段的共同需要。

☞任务评价

用马斯洛需求层次理论分析旅客需要：

<table>
<tr><td>项目任务</td><td colspan="5">用马斯洛需求层次理论分析旅客的需要</td></tr>
<tr><td>班级</td><td></td><td>姓名</td><td></td><td>评价时间</td><td></td></tr>
<tr><td colspan="6">【考核内容】</td></tr>
<tr><td>考核项目</td><td colspan="3">考核标准</td><td>分值</td><td>得分</td></tr>
<tr><td>分析旅客的需要</td><td colspan="3">能运用需求层次理论分析旅客的需求</td><td>15</td><td></td></tr>
<tr><td rowspan="2">分析旅客需求的共性</td><td colspan="3">旅客旅行过程中的共性心理需求</td><td>10</td><td></td></tr>
<tr><td colspan="3">旅客在旅行中各阶段的共同需要</td><td>25</td><td></td></tr>
</table>

续表

考核项目	考核标准	分值	得分
制作内容	制作能清晰展示 PPT 的演讲稿	15	
	要求类型分析准确，文字流畅	15	
	做到内容熟练、图文并茂	20	
指导教师意见：			
说明：1. 建议采用四级评分制（如 90%～100%，80%～90%，60～80%，<60%）。 2. 主要采用小组互评的方式进行评价，教师最后进行参考评分。			

任务三　特殊旅客的服务需要

☞**任务导入**

特殊旅客是指在乘车的过程中，由于各种各样的原因，需要得到特殊服务与关注的旅客，主要包括病残旅客、老年旅客、儿童旅客、重要旅客。旅客在特殊情况下的需要，主要包括没买到车票、上错车、坐过站、提前下车、携带“三品”，等等。这些旅客需要客运服务人员提供特殊性服务才能很好地完成旅行。

☞**知识准备**

一、特殊旅客的分类

（一）盲人旅客的服务需要

盲人旅客因缺少视觉感受，行动不便，平时较安静，听觉比较敏感，大多数人性格内向，情感不外露。客运服务人员面对盲人要主动进行自我介绍，拉着他们的手上下车、就坐，帮助其安排随身携带的行李物品，引领其触摸各种服务设施的位置，并教会其使用方法（图 5-9）。

图 5-9　盲人旅客的服务

（二）聋哑旅客的服务需要

聋哑人缺少语言和语言思维，对复杂的环境感知不够完整，情绪易波动，情感易外露。客运服务人员要以书面的形式和聋哑旅客进行沟通。聋哑旅客大多数会读口型，因此与其交谈时，要放慢说话的速度，必要时可借助手势和符号来表达，但需要注意手势礼仪。

（三）下肢行动不便旅客的服务需要

主动搀扶上车、安放行李、找到坐席，当发现旅客要行走或上厕所时，热情搀扶，帮助其打开厕所门，同时介绍厕所使用方法，经常主动关心询问需要什么帮助（图 5-10）。

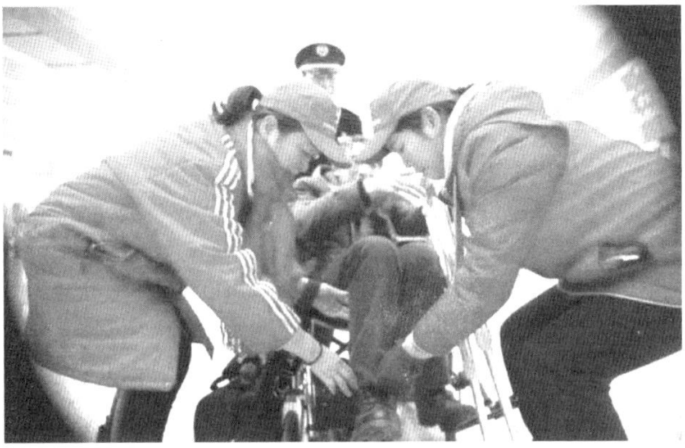

图 5-10　下肢行动不便旅客的服务

（四）上肢行动不便旅客的服务需要

主动帮助安放行李、脱衣服、打开食品、调整好坐席等，经常主动关心询问需要什么帮助。

（五）老年旅客的服务需要

这里的老年旅客一般指年龄在 70 岁以上，虽然身体未患病但精力开始衰退，动作缓慢，应变能力差，显然需要客运服务人员的帮助的旅客。为老年旅客服务时要更加细致，说话时语速要慢，声音略大，尽量消除他们的孤独感。

（六）孕妇旅客的服务需要

孕妇旅客行动不便，对位置舒适度要求较高，担心拥挤。客运服务人员遇到孕妇要主动帮助提拿行李，安放随身物品，调整好坐席，主动介绍车厢内的设备和设施的使用方法。

（七）儿童旅客的服务需要

儿童性格比较活跃、天真幼稚、好奇心强、善于模仿、判断能力差，列车上的新鲜事物很容易引起他们的兴趣。客运服务人员要主动帮助儿童家长或陪同人员提拿随身携带的物品，尽量不要抱小孩，抱小孩时一定要经过大人的同意，上车后要叮嘱家长或陪同人员照看好自己的孩子，有需要时呼叫客运服务人员（图 5-11）。

图 5-11　儿童旅客的服务安全宣讲

（八）突发疾病旅客的服务需要

对于突发疾病的旅客，最重要的是及时抢救生命，客运服务人员一定要掌握一些车上急救知识，根据旅客发病的表现，以及通过陪同人员对该病人情况的补充进行判断，尽最大努力进行抢救。

（九）重要旅客的服务需要

重要旅客有着一定的身份和地位，自我意识强烈、自尊心强，希望得到尊重，与普通旅客相比较，他们更注重环境的舒适和接受服务时心理上的感受。客运服务人员在提供服务时要与旅客进行语言和非语言的交流，同时注意态度热情、语言得体、落落大方，针对他们的心理需求提供相应的服务，在提供周到的物质服务的前提下，更应注意语气，让旅客在旅行中保持愉悦的心情（图 5-12）。

图 5-12　京沪高铁的贵宾服务

二、特殊旅客的服务原则

对待特殊旅客的服务在不影响列车正常运行的情况下有序进行，并遵守以下原则。

（一）优先办理

车站服务部门应设置专门通道或采取其他措施，保证特殊旅客能够优先办理相关手续。

（二）优先成行

任何原因造成部分订妥座位的旅客不能成行时，应优先保证特殊旅客的运输。

（三）优先座位

优先为特殊旅客安排适宜的座位。

（四）优先存放行李

保证特殊旅客随身携带的辅助设备或行李获得优先存放区域，托运的辅助设备得到优先运输。

三、特殊旅客的服务技巧

（1）通过“12306”热线开启特殊旅客服务预约制度。

（2）对老弱病残孕实行“五专”服务：设有专门的售票口；在检票进站口有专门的爱心通道；设有专有安检通道；设有专有的候车服务；设有专人送旅客上车并与列车服务人员办理交接手续。

（3）对重要旅客实行“六专”服务：专用车位、专口售票、专口进站、专机安检、专区候车、专人引导。

（4）对车厢特殊旅客要做到“三知、三有”，即知坐席、知到站、知困难，有登记、有服务、有交接，主动询问，及时帮扶，体贴尊重，热情关心。

（5）供水服务要做到“一不提，三不倒”，即水壶太满不提、旅客拿杯不倒、过道岔道弯道不倒、站不稳不倒，礼貌待客，面带微笑，点头示意。

（6）供餐服务，提供在线提前申请。

（7）运输服务“六化”，即售票服务便捷化、进站服务快速化、候车服务人性化、检票自助化、乘车有序化、出站便捷化。

（8）客运服务人员“五勤”，即眼勤、手勤、耳勤、嘴勤、腿勤。

（9）培养和增强服务人员技能，提高服务人员素质，利用服务知识和技能满足旅客的特殊需要（图 5-13）。

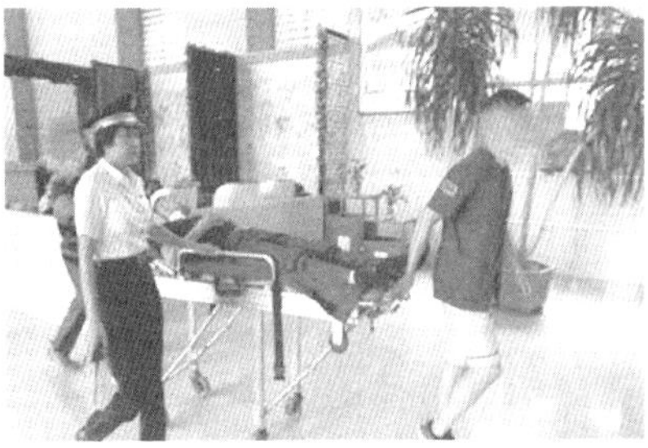

图 5-13　特殊旅客的服务技巧

四、旅客特殊情况的需要

（一）没有买到车票的旅客

这些旅客会想方设法争取上车。客运服务人员应理解他们的心情，了解这些旅客急于上车的原因，如确有急事，应灵活机动，允许上车后补票。

（二）上错车或坐过站的旅客

旅客在旅行中出现这种情况，自身有一定的责任，但也反映出旅客运输服务做得不周到、不细致。发生此类情况后，旅客焦急、慌乱，希望客运服务人员帮助其妥善安排。客运服务人员应一面安慰，稳定情绪，一面积极想办法帮助解决，防止发生其他意外。

（三）乘坐超载列车的旅客

在列车超负荷的情况下，会带来许多问题。比如，车厢内拥挤、旅客无座位、空气不流通、闷热、有异味等。这种情况下，旅客会有怨气、心情烦躁，且旅行时间越长这种表现越严重。有座位的旅客，因其身边有旅客长时间站立，会感到不舒服，导致休息不好。这种情况下，客运服务人员应注意车厢内的环境，尤其是保持适当的通风和适宜的温度；做好对旅客的组织，使车厢内有序。

（四）携带“三品”的旅客

旅客携带“三品”进站，一般有以下两种情形。

(1) 不知自已所携带物品为“三品”，误带进站，看到、听到严禁旅客携带“三品”进站上车的宣传后，犹豫不决，不知如何处理。

(2) 旅客有意将“三品”携带进站，他们担心被查出，对客运服务人员有害怕心理。客运服务人员对那些表现犹豫、徘徊或坐立不安的旅客，应主动观察和询问，以帮助旅客处理违规物品，或及时查出“三品”，防止意外事件发生。

（五）丢失物品的旅客

旅客丢失物品之后，会表现出着急、焦虑、埋怨、后悔、不知所措等心理活动。这种情况下，客运服务人员要对旅客进行安慰，注意旅客动态，防止发生意外；同时，及时通过广播发布寻物启事，必要时积极配合公安人员寻找、破案。

（六）车票有问题的旅客

在客运服务工作中，常会出现有旅客买短途车票乘坐长途车、买站台票乘车、不买票乘车、借用公用乘车证乘车、越席乘车、持无效票乘车等情况。对待存在上述问题的旅客，要分析问题产生的原因，判断其是有意识还是无意识的的行为。如果是有意识的行为，这些旅客常表现为惶恐不安，怕被发现。这时，客运服务人员应坚持原则，按章处理，在处理中要注意态度。如果是无意识的行为，客运服务人员要做好解释、沟通工作，并帮助其处理。

（七）遇到意外事件的旅客

旅客遇到意外事件一般有两种原因：一是由旅客自身造成的；二是由旅客运输部门造成的。遭遇意外事件的旅客一般会表现为焦虑不安、心情烦躁。这时客运服务人员应冷静沉着，稳定旅客的情绪，并积极处理意外事件。

（八）临时有急事的旅客

旅客临时有急事，一般表现为心情沉重、忧虑、不安、慌乱等，客运服务人员要认真观察，及时发现有急事的旅客，了解原因，安抚旅客心情，帮助他们尽快解决存在的问题。

五、旅客特殊情况服务注意事项

（一）耐心多一点儿

在实际服务中，要耐心倾听旅客，不轻易打断旅客的叙述，不批评旅客的不足。

（二）态度好一点儿

旅客有抱怨或投诉说明他们对服务的不满，从心理上分析，他们认为企业的服务存在漏洞，此刻需要客运服务人员态度诚恳，化解矛盾。

（三）动作快一点儿

面对各种特殊情况的发生，旅客提出需要，客运服务人员不能因手中事情忙而推脱旅客，要争取在最短的时间内达到最佳的效果。

（四）语言得体一点儿

旅客在发泄的时候，语言中可能会有过激情况，客运服务人员在解释时，尽量委婉地与旅客沟通，就算旅客有不合理之处，也不要冲动。

（五）办法多一点儿

在处理旅客的问题时，不应一味给他们道歉、慰问、补偿等，解决的方法其实有很多。除了以上手段外，可以邀请旅客参观旅客运输部门的成功经营，对提出建设性意见的旅客给予奖励等。

【实际演练】

背景：北京南站试行无人陪伴儿童乘车。

2016 年 8 月，乘坐动车的 8 岁无成人陪伴儿童在到达目的地南京后，因乘务员工作疏忽，导致儿童自行下车，未与接站人员进行正常交接。在没有工作人员的陪同下，儿童自行走出车站，且该小孩的随身证件袋遗失在车厢内，内有户口簿和父亲的驾驶证。旅客要求铁路局处理此事。

1. 无人陪伴儿童乘车的需要是什么？
2. 儿童服务技巧是什么？
3. 该乘务员的不妥之处是什么？
4. 你认为该如何提高乘务员针对特殊旅客的服务技巧？

工作任务一

制作 PPT，阐述特殊旅客的分类。

工作任务二

制作 PPT，阐述特殊旅客的服务技巧与原则。

工作任务三

制作 PPT，阐述旅客在特殊情况下的需要。

☞任务评价

特殊旅客的服务需要：

项目任务	特殊旅客的服务需要				
班级		姓名		评价时间	

<table>
<tr><td colspan="4">【考核内容】</td></tr>
<tr><td>考核项目</td><td>考核标准</td><td>分值</td><td>得分</td></tr>
<tr><td>分析特殊旅客的需要</td><td>掌握特殊旅客的分类及服务方法</td><td>15</td><td></td></tr>
<tr><td rowspan="2">分析旅客在特殊情况下的需要</td><td>特殊旅客服务的技巧与原则</td><td>10</td><td></td></tr>
<tr><td>旅客在特殊情况下的需要</td><td>25</td><td></td></tr>
<tr><td rowspan="3">制作内容</td><td>制作能清晰展示 PPT 的演讲稿</td><td>15</td><td></td></tr>
<tr><td>要求类型分析准确，文字流畅</td><td>15</td><td></td></tr>
<tr><td>做到内容熟练、图文并茂</td><td>20</td><td></td></tr>
<tr><td colspan="4">指导教师意见：</td></tr>
<tr><td colspan="4">说明：1. 建议采用四级评分制（如 90%～100%，80%～90%，60～80%，<60%）。
2. 主要采用小组互评的方式进行评价，教师最后进行参考评分。</td></tr>
</table>

☞思考与练习

一、不定项选择题

1. （　　）是个体对其生存和发展的某些条件感到缺乏而出现体内平衡倾向和择取倾向，力求获得满足的一种心理状态。

A. 需要　　B. 快乐　　C. 安全　　D. 生理

2. 属于自然需要的有（　　）。

A. 阳光　　B. 水　　C. 避暑　　D. 劳动

3. 聋哑旅客的服务需要表现为（　　）。

A. 拉着他们的手　　B. 放慢说话的速度

C. 借助手势和符号表达　　D. 手势礼仪

4. 旅客遇到意外事件的原因有（　　）。

A. 自然原因　　B. 旅客自身　　C. 运输部门　　D. 其他旅客

5. 马斯洛是（　　）理论的主要创始人。

A. 精神分析　　B. 机能主义　　C. 格式塔　　D. 人本主义

二、填空题

1. 马斯洛需求层次的两个根本点是：（　　）、（　　）。
2. 特殊旅客服务原则（　　）、（　　）、（　　）、（　　）。
3. 旅客旅行中共性心理需求有（　　）、（　　）、（　　），等等。
4. 提高车站和列车上服务质量需要从（　　）、（　　）两方面着手。

三、简答题

1. 简述马斯洛需求层次理论。
2. 简述需要的特点。

3. 简述特殊旅客的需要。

四、案例分析题

阅读下列案例，回答问题。

2012 年 8 月 4 日，由天津开往北京南的 C2008 次城际高铁列车，在天津站 7：33 开车。7：43，列车因断电在区间临时停车。车内的旅客顿时躁动起来。在停车 20 分钟后，车辆机械师按规定选定通风的开门位置，通知列车长安装防护网，并要求设置专人值守车门，后经机械师抢修排除故障。机械师通知列车长关闭车门，经列车长确认旅客安全无误后，便摘取防护网，关闭车门，列车恢复正常运行。

1. 通过这个案例，你对突发事故的特殊情况的处理增加了哪些知识？

2. 在这种突发事故的特殊情况下，旅客有哪些需要？

3. 在这种突发事故的特殊情况下，如何满足或超越旅客的需要？

答案：

一、1. A。2. ABC。3. BCD。4. BC。5. D。

二、1. 人是有需要的动物、人的需要都有轻重层次。2. 优先办理、优先成行、优先座位、优先存放行李。3. 安全心理、快捷心理、经济心理。4. 管理、设施设备。

三、略。

四、略。

☞**任务实施**

实训：情境表演——旅客旅行中心理需求与服务

一、活动目的

深入认识铁路旅客的需要。

二、活动准备

1. 全班同学分成若干组（5～6 人一组）。

2. 教师设计一些情境，也可以学生自编：

（1）下雨天，一对情侣，忘记带身份证，于是向车站服务人员求助。

（2）列车上，一位孕妇旅客睡着了。

（3）旅客们陆续下车了，乘务员发现某个座位遗落了一个小手提包。

（4）列车已经到了终点站，广播已经播放了，但是有位中年男性还在睡觉。

（5）列车运行中，有位儿童好奇地在车厢内走来走去，还东摸摸西摸摸。

（6）一位老年女性旅客找不到检票口候车，急得满头大汗。

……

3. 各个小组抽签选择一个情境，小组讨论并准备 10 分钟后进行表演（小组成员全部参加，一部分扮演旅客，另一部分扮演客运服务人员）。

三、活动过程

各组轮流表演，一组在表演时，其他组的同学注意分析情境中表现了旅客的哪些需要，服务人员怎样应对或服务，他（她）这样的服务（语言、动作、神态等）哪些地方可取，哪些地方有待改进。

要求：

1. 这里给出的每一个情境都要展开，如果时间充裕，可以编写成一个小剧本再表演。

2. 注意细节，如广播的内容、到达站、车厢外的温度等都可以具体化。

3. 可以准备一些道具或安排一些陪衬角色。

4. 注意语言、语气、表情等尽量自然真实。

四、活动总结

活动完成后，每人写一篇300字以上的心得体会。

☞项目学习评价

学习完本项目后，请根据自己学习所得，结合下表内容进行评价。分A、B、C三个等级进行评价。A：充分；B：一般；C：不足。

评价内容	评价方式			评价等级
	自评	小组评议	教师评议	
课前预习本项目相关知识、相关资料				
掌握需要的基础知识				
准确分辨旅客的不同需要				
掌握特殊旅客的服务技巧				
旅客在旅行中需要的共性				
旅客在旅行中特殊情况下的需要				
旅客在旅行各阶段下的共同需要				
参与教学中的讨论与练习，并积极完成				
善于与同学合作				
学习态度及完成作业情况				
总评				

项目六　群体心理与轨道交通运输服务

☞项目引言

在旅客运输服务的过程中，分散的旅客在一定场合和条件下会形成群体，给服务工作带来积极或消极的影响。因此，学生与读者有必要了解群体心理基础知识，掌握旅客群体的类型与特征，进而有针对性地开展旅客群体服务。此外，了解客运服务团队组建与管理等知识，对做好服务工作有十分重要的指导意义。

☞项目任务书

<table>
<tr><td>名称</td><td colspan="2">群体心理与轨道交通运输服务</td></tr>
<tr><td rowspan="3">学习目标</td><td>知识目标</td><td>了解群体的特征、类型，能叙述群体的心理学功能
熟悉常见的群体心理效应，能叙述旅客的群体行为
学习掌握旅客群体心理的方法
了解团队的特征、类型，能叙述团队的构成要素
掌握客运服务团队建设的心理机制</td></tr>
<tr><td>技能目标</td><td>能准确判断群体与团队的类型
能运用群体心理学知识对旅客群体进行有针对性的服务
能运用团体心理学知识组建一支优秀的客运服务团队
能运用群体心理学知识处理好突发的群体事件</td></tr>
<tr><td>素质目标</td><td>具有良好的社会公德、职业道德和专业基本素质
具有强烈的法律意识、安全意识与自我保护意识
具有沟通协调能力、语言表达能力、管理能力
培养团结协作、热情有礼、认真细心、遇事不惊的职业素养</td></tr>
<tr><td>学习内容</td><td colspan="2">任务一　透视群体心理
　工作任务　群体心理学功能
任务二　洞察旅客的群体心理
　工作任务一　旅客群体的特点
　工作任务二　旅客群体的行为
　工作任务三　对旅客群体的心理服务
任务三　客运服务团队建设
　工作任务一　团队的特征、类型及构成要素
　工作任务二　团队建设的心理机制
　工作任务三　团队建设的途径
　工作任务四　客运服务团队的管理</td></tr>
</table>

续表

任务描述： 客运服务人员应了解群体的特征、类型，学习掌握旅客群体心理的方法；能准确判断旅客所属的群体类型，熟悉并运用群体心理学知识为不同类型的旅客群体提供有针对性的服务；掌握团队的心理学基础知识，能运用团队心理学基础知识组建一支优秀的客运服务团队，并能针对团队中所出现的问题行为进行有效的解决。 任务完成时要求做到： 1. 阐述群体的类型，准确判断旅客所属群体类型。 2. 针对旅客所属群体类型，提供有针对性的服务。 3. 针对群体事件提出解决方案。 4. 掌握团队建设的方法与途径。 5. 能根据团队建设的方法与途径组建一支客运服务团队。 6. 能有效处理客运服务团队所出现的问题行为。 任务实施说明： 1. 将授课班级进行分组，5～6 人为一个学习团队。 2. 每个学习团队组织学习，进行项目任务分析、任务分配。 3. 资料学习、相关知识准备，完成项目的资讯环节。 4. 现场教学、资源利用，完成项目的实训环节。 5. 学习团队按照任务分派制作相关的 PPT，派代表上台进行汇报。

【案例导入】

1957 年的一部美国经典影片《十二怒汉》是这样展开情节的：审理谋杀案的 12 名警察陪审员列队走进陪审室。那天天气很热，陪审员们疲惫不堪，急于裁定一位少年的弑父罪名成立。在他们很快达成一致意见的时候，其中却有一个人特立独行，拒绝投票。接下来，随着继续讨论的进行，陪审员们一个接一个改变自己的裁决，直至最后达成一致意见：无罪。

一个多世纪以前，美国印第安纳大学的心理学家普利特注意到：自行车手在一起比赛时，他们的成绩比各自单独骑行时的成绩好。在把自己的直觉发现（他人在场能提高作业水平）公布于众之前，普利特对此进行了实验室研究。在实验中，他要求儿童以最快的速度在渔轴上绕线，结果发现当儿童在一起绕线时要比单独绕线快得多。他总结道："另一位竞争者在场的作用是激发选手的潜能。"

第一个故事是单一的个体影响到群体，第二故事是群体影响到个体，这些都是有趣的群体现象。

问题 6-1：什么是群体？群体为什么会存在？

任务一　透视群体心理

☞任务导入

群体是社会分工与协作的产物，是人类最普遍的现象之一。人们都在一定的群体中工作和学习，任何一个个体都不可能彻底脱离群体单独活动，也不能孤立地生活在社会之中。人在群体中可以协作完成个体无法完成的工作，可以满足自我归属的需要、被认同的需要和社会地位的需要。同时，群体中的人又相互影响的，并具有一系列的群体特征。

☞**知识准备**

一、群体的概念

什么是群体？答案好像不言自明——群体是若干个体组合而成的一群人（图 6-1）。一起长跑的运动伙伴是群体吗？列车上的乘客是群体吗？群体是否指彼此认同，感觉应该在一起的一群人？美国弗罗里达大学群体动力学家马文·肖认为群体成员存在互动，澳大利亚社会心理学家特纳认为把同一群体中的人看作“自己人”而不是“陌生人”。

图 6-1　群体联系图

在日常生活中，我们常常看到这样的情况：若干人在一条路上走着，有着共同的目标——都是去火车站，但是他们之间毫无联系。这样的一群人虽然有相同的行动目标，但是他们的意识却毫无联系，更不能协同工作，他们依然不能称为群体。正在朝着火车站走着的一群人，其中有一个人病倒了。这时同行的若干人凑在一起，让懂急救的人妥善处理病人，其中一人打电话叫救护车，让有力气的抬起病人往医院送，还有一些相关的人分头去做相关的事情等，目的就是让病人尽快脱离危险。这时他们都意识到自己和对方在干什么，在意识上发生了联系，行动上相互协作，为了同一个目标，这样的一群人可以称之为群体。

从心理学的角度看，群体是由两个或两个以上的人在意识和行动上相互发生联系或影响，为着共同目标而协同活动的一群人。

二、构成和维护群体应满足的心理学要素

从群体的概念中可以看出，若干个人要组合成群体，必须满足一定的条件。

（一）必须由两个或两个以上的个体组成

这是构成群体的前提条件，如果只有一个人无其他任何人可以合作，他的意识和行

为也无法与他人产生相互作用和影响，群体的整合功能也就无法形成。

（二）构成群体的若干个体，他们的意识和行为必须相互联系或影响

坐在列车上的乘客，他们各自做各自的事情，虽然他们在一起，但在意识里没有对方的存在，行动上也互不相干，他们只是一个形似的群体，实际毫无群体功能的个体组合。因此，人群里的个体的意识和行为相互联系和影响是构成群体所必须具备的条件。

（三）必须有一个共同行为的目标

两军对垒，有一方内部出现了叛徒，他的行为目标与他所在的群体的其他成员完全相反，其行为效果与群体其他成员的也就完全抵消了，使得其群体的功能大大减弱，甚至失灵，最终可能导致群体的灭亡。可见，群体成员有共同行为的目标是维系群体生存的必要条件。

（四）必须遵守统一的行为规范

遵守统一的行为规范是保证群体成员行为一致、实现群体目标的重要条件。

三、群体的特征

（一）群体自身相对独立性

一个群体有其相对独立的一面，如自身的行为规范、行动计划和舆论，而这些规范和舆论，不会因为个别成员的去留而改变。

（二）共同目标

群体之所以能够形成，是因为它是以若干人的共同活动目标为基础，他们才能走到一起并彼此合作，使群体爆发出超出单个个体之和的能量。比如，在候车大厅的旅客一般情况下都是独立个体，而当列车晚点，由于旅客共同的目标受到了影响，损害了他们共同的利益，旅客会聚集起来向轨道交通运输公司讨个说法。

（三）成员之间相互影响

群体是一个有机整体，成员之间有信息、思想、情感等交流。每个成员在群体中都扮演一定的角色，有一定的职务，负一定的责任，并努力通过自己的工作配合他人的活动，使群体成为一个聚集着强大动力的活动体。

（四）成员的认同感和归属感

群体中的每个成员都意识到自己是某一个群体的一员，对群体有认同感和归属感，这种认同和归属感是导致群体事件重要的心理因素，它能使群体成员在行为上相互影响、相互制约，使群体产生巨大动力。比如，在列车运行中，为了群体安全禁止吸烟，如果有旅客吸烟就会受到群体的指责。

四、群体的心理学功能

人们所组成的群体，不是处于静态不变的，而是处于一种不断相互作用、相互适应的过程中。“一个和尚挑水喝，两个和尚抬水喝，三个和尚没水喝”，这便是群体心理功能的一种写照。群体无论是对个人还是对组织来讲都有相应的作用。

（一）群体对个人的影响

1. 群体是个体获得许多心理满足的场所

个体在群体中可得到许多个体独处时无法获得的心理满足。首先，个体在群体中可获得力量和信心，从而得到个人安全的满足。比如，在新冠肺炎疫情面前依靠个人力量和意识，你会感到束手无策，惊恐万状，毫无安全感，幸好政府和人民组织、调度了各方面的力量组成一个强大的群体，从而大大增加了人民在这场疫情面前的安全感。其次，个体只有在群体中才能得到社交的机会，获得自尊的满足。一个人在工作上的功与过，仅由个人来评价是不客观的，也是不公正的，必须由群体来进行评价，并获得群体认可，这样，个人才可获得荣誉，得到群体成员的尊重，获得自尊的满足。

2. 群体对个体行为有增效或减效的作用

在群体状态下会获得竞争意识，在这种意识下会产生一种要比他人做得更好的动机，在这种动机的驱动下，大脑皮层的兴奋性会不断提高，从而提高相对简单的工作的作业效率。比如，跑步练习，一个人单独跑和多个人一起跑，都是为了跑得更快，但一个人跑的时候感觉跑道特别长，很快就出现疲劳，多一个人一起跑的时候，步伐轻松许多，好像一下就跑到了终点。对于复杂的作业，情况就有所不同了，在群体状态下产生的竞争意识提高了大脑的兴奋状态，对复杂精细的工作来讲，不需要太高的情绪唤醒水平，只需在较低的情绪状态下，沉着冷静才会获得较高的工作效率，反之可能导致个体工作效率下降。

3. 旅客对个体的不同行为有强化和消退的作用

群体一旦形成，它就会明确相应的群体行为规范（图 6-2）。这种规范就规定了该群体的活动范围，什么该做什么不该做。在群体状态下，个体良好的行为习惯，由于会得到群体大多数成员的允许和赞扬而得到强化和巩固。而个体的不良行为和习惯，由于会受到群体大多数成员的谴责而受到抑制消退。比如，一个刚从高中进入大学的学生，还会把家里养成的一些不良习惯（如起床后不叠被子，换下的臭袜子不及时洗干净等）带到学校，但随着大学生活的延续，这些坏习惯会得到不同程度的纠正。

图 6-2　群体对个体的影响

（二）群体对组织的影响

群体对组织的作用，主要是从群体的目标与组织的目标是否一致的角度来考虑。群体的组织状态越好，对组织实现的目标的阻碍作用就越大。比如，某汽车总公司计划研发一款新车，而且希望属下的分公司大力协助新产品的研发工作。可是，属下的分公司却不赞成开发新产品，而且也不愿意支持总公司开发新产品。这时，属下分公司的组织状态越强盛，对总公司实现开发新产品的目标阻碍就越大；相反，阻碍就越小。

五、群体分类

群体是多种多样的。每种群体的性质、结构、作用和活动方式各不相同。根据群体的目的、联系的机制、影响群体成员的方式、群体成员间的交往特点等，可以对群体进行不同的分类。

（一）根据群体内各成员相互作用的目的和性质分类

1. 正式群体

正式群体是指根据成员编制、章程或其他正式文件而建立的群体。正式群体结构明确，它们规定好了成员的地位和角色，明确提出了各成员的权利和义务，并具有良好的群体规范，有清晰的信息沟通路线和权力控制机制，对所要完成的任务也有详细的规定。政府、企业、工厂、学校班级等都是正式群体。

2. 非正式群体

非正式群体是指那些无正式规定的、自发形成的、成员的地位和角色以及权利和义务都不明确、也无固定编制的群体，它主要用于满足人们某种生活需要，并且带有明显的情感色彩，即以个人的好感为基础。形成非正式群体的原因有三个：①某种利益或观点的一致性；②由于有共同的价值观和共同的兴趣、爱好；③由于有相似的生活经历或背景，如集邮爱好者、自发的钓鱼队、旅游同伴、同学同乡等。由于非正式群体以情感为纽带，以兴趣爱好为基础，所以有着较强的内聚力和对成员的吸引力。

（二）根据群体的规模和沟通方式分类

1. 大型群体

大型群体是指群体成员人数众多，以间接方式取得联系的群体，如通过群体的共同目标、通过各层组织机构等，使成员建立间接的联系。

2. 小型群体

小型群体是指相对稳定、人数不多、为共同目标而结合起来的、各个成员直接接触的联合体。它有共同的目标，全体成员为此目标做共同努力。其规模不能少于 2 人，但一般也不超过 30 人。

（三）按照群体成员对于该群体的心理向往程度分类

1. 成员群体

成员群体又称隶属群体，是指个体为其正式成员的群体，如个人所在球队、小组、班级、学校、学区等。

2. 参照群体

参照群体是指个体自觉接受其规范和准则，并以此来指导自己行为的群体，是人们心仪的群体，它的价值和规范体系常常是个人的目标或标准。其也称为榜样群体，如先进班级、优秀球队等。参照群体对于群体成员可能有积极影响，也可能有消极影响。在一个人的心目中，常常会出现两个或更多的参照群体。如果这些参照群体的规范、准则及目标是一致的，那么，对个体会起到增强行为动机的作用，以及良好的示范作用；反之，则会引起个体内心的动机冲突和斗争。

【实际演练】

下列群体各属于哪种类型？

1. 一起来乘车的一家三口。
2. 一起等候某次列车的 200 多名旅客。
3. 列车上热衷于聊游戏的 5 名旅客。
4. 负责某次列车的乘务组。

工作任务

制作 PPT，阐述群体心理基础知识。

☞任务评价

掌握群体心理基础知识：

<table>
<tr><td>项目任务</td><td colspan="5">群体心理基础知识</td></tr>
<tr><td>班级</td><td></td><td>姓名</td><td></td><td>评价时间</td><td></td></tr>
<tr><td colspan="6">【考核内容】</td></tr>
<tr><td>考核项目</td><td colspan="3">考核标准</td><td>分值</td><td>得分</td></tr>
<tr><td>群体概念及构成和维护群体应满足的心理学要素</td><td colspan="3">叙述群体的基本概念与要素</td><td>15</td><td></td></tr>
<tr><td rowspan="2">群体的特征、心理学功能及群体的分类</td><td colspan="3">阐述群体的特征</td><td>10</td><td></td></tr>
<tr><td colspan="3">准确描述群体的心理学功能及群体的分类</td><td>25</td><td></td></tr>
<tr><td rowspan="3">制作内容</td><td colspan="3">制作能清晰展示 PPT 的演讲稿</td><td>15</td><td></td></tr>
<tr><td colspan="3">要求类型分析准确，文字流畅</td><td>15</td><td></td></tr>
<tr><td colspan="3">做到内容熟练、图文并茂</td><td>20</td><td></td></tr>
<tr><td colspan="6">指导教师意见：</td></tr>
<tr><td colspan="6">说明：1. 建议采用四级评分制（如 90%～100%，80%～90%，60～80%，<60%）。
2. 主要采用小组互评的方式进行评价，教师最后进行参考评分。</td></tr>
</table>

任务二　洞察旅客的群体心理

☞任务导入

一般来说，铁路旅客确实是一个个独立的个体，相互之间没有联系。但在乘车过程中各种情况的变化，尤其当列车出现晚点或服务出现问题的时候，旅客共同利益的一致性就使原来各自独立的个体演变成了一个群体。一旦分散的旅客形成了群体，也就具有了群体的特点，就会产生群体心理效应。

群体心理是由群体成员之间在相互作用、相互影响下形成的心理活动。当个体成为群体中的一员，其行为会不可避免地受到群体心理的影响。

☞**知识准备**

群体心理来源于个体心理，群体心理的存在对个体具有重要意义。个体的社会感，个体的自我形成，都是在群体心理的影响下进行的，因此会产生一系列的群体心理效应。

一、常见的群体心理效应

（一）社会助长效应

普利特研究发现，当别人在场，或参加群体性的活动，会明显促进人们的行为效率，他让被试者在三种情境下，骑车完成25英里（1英里≈1.16千米）路程。第一种情境是单独骑行计时；第二种情境是骑行时让一个人跑步伴同；第三种情境是与其他骑车人竞赛。结果显示，单独计时情况下，平均速度为每小时24英里；有人跑步伴同时，时速达到31英里；而竞争情境则无更大改善，平均时速为32.5英里。结果证实，一个人单独做一项工作往往不如一群人一起做同样的工作效率高。因此，社会助长效应又称社会促进现象，是指群体对成员有促进、提高效率的效应（图6-3）。

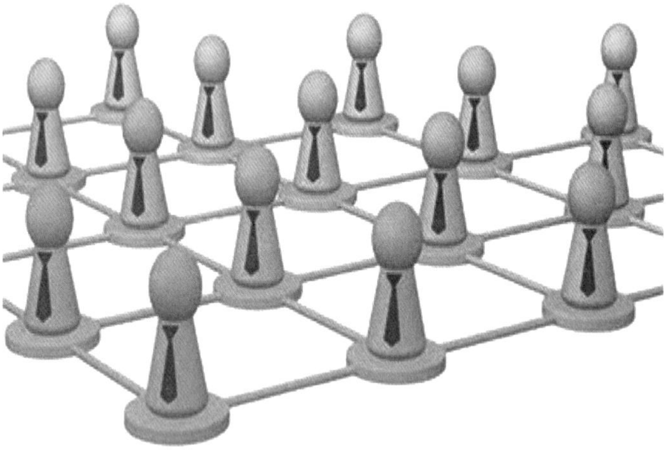

图6-3　社会助长效应

（二）社会阻抑效应

研究也发现了与社会助长作用相反的情况，即个人和别人一起做一项工作时，做得又慢又差，比一个人单独做时效率低。这种由于他人在场或与他人一起活动，而造成行为效率下降的现象被称为社会阻抑效应，也可称为社会干扰现象。在F.奥尔波特的研究中，要求大学生在群体情境下写批驳某一逻辑命题的文章，结果写出的文章数量很多，但质量低于单独情境下写的。

（三）责任分散效应

责任分散效应也称为旁观者效应，是指对某一件事来说，如果是单个个体被要求单独完成任务，责任感就会很强，会作出积极的反应。但如果是要求一个群体共同完成任务，群体中的每个个体的责任感就会很弱，面对困难或遇到责任往往会退缩。因为前者独立承担责任，后者期望别人多承担点儿责任。“责任分散”的实质就是人多不负责，责任不落实（图 6-4）。

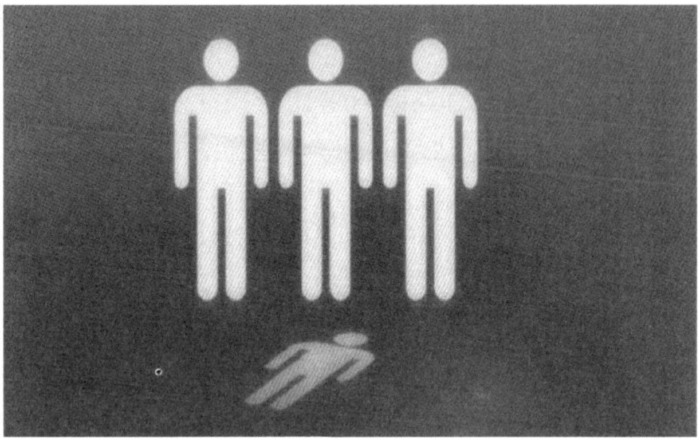

图 6-4 责任分散效应

（四）匿名效应

人们把在不记姓名或在相互不了解的情况下个体独立性、自主性得到充分体现的现象，称之为匿名效应。为什么匿名后就会产生如此大的效应呢？一是匿名减少了对个体的心理压力；二是匿名创造了畅所欲言的气氛；三是匿名不需要负责。匿名性使人们自我意识减弱，群体意识增强，在群体中如果看到别人和自己做同样的行为时，会对自己做出的举动产生一种自我强化的愉悦感。

（五）暗示效应

巴甫洛夫认为：暗示是人类最简化、最典型的条件反射。所谓的暗示是指，人或环境以非常自然的方式向个体发出信息；个体无意中接受了这种信息，从而做出相应的反应的一种心理现象。暗示效应是指在无对抗的条件下，用含蓄、抽象诱导的间接方法对人们的心理和行为产生影响，从而诱导人们按照一定的方式去行动或接受一定的意见，使其思想、行为与暗示者期望的目标相符合。一些群体事件就是在人与人之间的暗示、受暗示的的心理机制作用下，迅速扩大的。

【案例厅】

如果在列车上有小偷在偷东西，通常会出现以下两种情况：一是所有人“事不关己，高高挂起”，任小偷嚣张；另一种是很多人在一个正义凛然的乘客（或乘务员）带领下群起而攻之，小偷灰溜溜地逃走或被带到派出所。

第一种情况反映的群体行为其实是无行为。

第二种情况正好契合了群体行为的原则。乘客这一群体目标都是抓住小偷，正义凛然的乘客（或乘务员）的挺身而出体现了车厢内权威的力量，同时他也完成了一个榜样。如果这个榜样被小偷控制住了，榜样没有树起来，群体行为就无法形成；如果榜样吓住了小偷，那么榜样就会被认同。出现榜样后，群体的行为仍有三种可能：如果大家继续保持沉默，小偷可能就会灰溜溜地下车；如果大家都发出比较理智的附和，可能会把小偷送到派出所；如果群情激愤，小偷可能会挨上几拳头。

问题 6-2：什么是心理？群体心理效应有哪些？

问题 6-3：在这个案例中群体心理效应是如何体现的？

二、旅客群体的类型

（一）松散大群体

松散大群体是指群体成员之间的关系不密切，来往不多，没有太多的共同目标和共同活动，群体内也没有形成约束力很强的行为规范（图 6-5）。但是，这一群体受社会舆论、道德和观念的制约，起作用的是正义感、公平感，当遇到涉及部分或全体旅客利益的事情时，就会形成统一的行为。比如，当铁路客运服务人员与某一旅客发生摩擦时，此刻如果铁路客运服务人员一直保持和蔼礼貌的态度，对于周围不明白摩擦产生原因的其他旅客，他们的行为有可能站在旅客一方，有可能站在铁路客运服务人员一方，有可能保持沉默的态度；但是如果铁路客运服务人员的态度比较强硬，不礼貌，则会造成周围的大多数旅客站在该旅客的一方，联合起来对铁路客运服务人员进行批评和指责。这时他们把该旅客的位置与自己进行了调换，如果自己是那位旅客，遇到铁路客运服务人员这样的态度，这是自己所不希望的，同情心、正义感使得其他的旅客结合在一起形成了一个群体。

图 6-5　西安火车站松散大群体

（二）紧密小群体

紧密小群体又称核心群体，是指成员之间关系相当紧密的群体。在紧密群体中，各成员之间有深厚的感情，有共同的价值观，相互之间高度信任。紧密小群体的形成有两种情况。

1. 出行前形成的群体

在旅客大群体中存在一些相识或结伴同行的一些人组成的小群体，如亲友、同学、同乡、旅行团等，由于他们在出行前有一定的交流，在旅行中，他们之间的感情要比与不相识的旅客之间感情深厚得多。因此，在旅行中，他们成为行为一致的小群体，尤其是当他们之中的某位与其他旅客或者铁路客运服务人员发生摩擦时，更加表现出态度与行为的一致性。

2. 出行中形成的群体

旅客在出行的过程中通过相互接触建立起情感和心理上的联系，逐步达成了认识上的统一，这种也可能形成小群体。比如，当铁路客运服务人员与某一旅客发生摩擦时，如果铁路客运服务人员态度差、不礼貌，则会造成周围的大多数旅客站在该旅客的一方，同情心及正义感使一些旅客联合形成小群体，一起对该铁路客运服务人员进行批评和指责。

旅客在乘车的过程中各种情况的变化，使具有共同利益的旅客逐渐由原来的松散大群体演变为紧密小群体。

三、旅客群体的特点

（一）利益的依存性

由个体利益演变为群体利益，群体利益导致目标的共同性。旅客群体有着为全体成员共同接受的目标，这个目标往往使旅客团结一致，并具有与群体中的全体成员同甘共苦的情谊。比如，在春运期间，旅客特别多且拥挤，当遇到挤不上车的情况时，有的旅客可能会说："要走大家一起走，不能落下一个人。"他们合理、自觉地了解了旅客群体自身的利益，准备用集体的手段达到和维护自身的利益，决定共同否定或抗拒轨道交通运输公司的利益。

在实际服务过程中，旅客维护自身的利益几乎是一种本能的反应，因此，旅客群体意识会推动群体行为或群体事件的发生。

（二）行为的一致性与联系性

在客运服务的过程中，出现服务不周的情况时，旅客的心理可能有隐忍、旁观、牢骚、抗议等，若旅客的需求持续得不到满足，则群体心理趋于一致，这种一致的心理是群体凝聚力的基础。旅客群体成员由于利益或者目标的一致，在行为上必然产生相互影响、相互作用和相互补充，组成完整的行为系统，有时会形成统一的行为。

（三）心理的认知性

由于共同旅行的需要，每一个旅客都意识到其他旅客的存在，也意识到自己是旅客群体中的一员，大家都有同属于该群体的心理感受。旅客群体成员的心理、情绪和行为都是相互影响的。在实际的铁路客运服务过程中，常常可以看到某个旅客或少数旅客煽动性很强，结果导致大部分旅客都跟从他们一起的行为，这是因为大家都有同属于该群体的心理感受。

四、旅客群体的行为

旅客群体行为是指旅客在外界条件的刺激下使压抑在心里的情绪转换为外在的行为。旅客群体行为在列车晚点时间较长时表现得特别明显，它具有以下特点。

（一）自发性

在客运服务过程中，旅客群体不是预先有计划、有目标的，而是情绪激动的人群受到某种刺激后一哄而起。

（二）非理性

旅客群体中的每个成员都处于情绪激动的状态中，缺乏理智的考虑，完全为激动情绪所支配，盲目行动，有时甚至不计后果。

（三）非常规性

由于旅客丧失理智，在行为上往往不受正常社会规范的约束，如肆意践踏和破坏社会准则，甚至触犯法律，包括堵住安检口、辱骂工作人员等。

（四）短暂性

旅客的群体行为是由一时情绪冲动产生的，因此，只要发泄了情绪，减轻了心理紧张，行动就结束了。

五、掌握旅客群体心理的方法

作为一名铁路客运服务人员，内心总是真诚地希望为旅客提供最好的服务满足旅客旅行需要，但有好的愿望，并不一定能够变成现实。愿望需要一定的基础才能实现。

（一）要有明确的思想基础

铁路客运服务人员具备了全心全意为旅客服务的思想，有明确的服务观，有努力实现文明服务、礼貌待客的愿望，在实际工作中，就会自然而然地、主动地去探索和了解广大旅客的心理活动与需求，而不满足于一般化的服务。掌握旅客心理活动，为旅客服务，这是一个最重要的前提。这要求客运部门，各级干部，包括班长、组长，都应以身作则，率先示范。

（二）要有正确的分析和判断的能力

铁路客运服务人员在探索和了解一部分旅客群体的心理活动与需求之后，还需通过分析和判断，达到正确掌握的程度，才能实现有效的、良好的服务。心理活动特别复杂，有规律性、特殊性、短期性、长期性、突发性等区别，需要经过分析和判断才能掌握。所谓判断，是对各种心理的肯定与否定的思维形式。正确的判断来自丰富的知识、经验与敏捷的思路。高速铁路客运服务人员对掌握的心理现象做出正确的判断，就能更好地满足旅客群体的心理要求。

（三）要细心、有耐心、有耐力

掌握旅客群体心理，探索服务规律，还要细心观察，也就是说要下工夫，花力气，才能了解旅客内心世界的活动。对那些有掩饰心理，外表很镇静的旅客，还有那些想得到高速铁路客运服务人员帮助，但又不好意思开口的旅客，不细心观察是难以发现的。

旅客群体的心理状态虽很复杂，但毕竟和各种旅行条件有关联，一时没有了解到，就不能怕麻烦，要有耐心。如对无票旅客，一般在不查票时看不出来，一旦广播查票，或查票人员到了该节车厢，才会表现出不安或有其他动作。

只有细心和耐心，才能正确掌握旅客群体心理，更好地做到优质服务，这个道理是再明显不过的。比如，无票乘车的旅客，有的也的确是因急忙上车，没有买票，不是有意逃票。

（四）要有迅速、果断的应变能力

探索、掌握旅客群体的心理活动，在时间允许时可以细心观察，耐心判断，但旅客运输是动态的，运输本身就意味着有时间性，列车要按照规定时间运行，正点到、开。这就要求高速铁路客运服务人员有迅速、果断的应变能力，在很短的时间内，分析、判断出某位旅客的旅行心理活动，从而根据实际情况，采取相应的措施，做好服务工作。

通过接触、交谈，可以听出旅客是哪儿的人，从哪儿来；听出旅客的性格、情绪，对运输服务企业有哪些意见和要求。

（五）要具备一定的科学知识

研究掌握旅客群体心理，要有较好的思想基础，具备一定的工作能力，但只有这些还不够，因为还需要具备许多科学知识，需要熟悉社会生活，要熟悉铁路客运业务知识，要懂得心理学、服务学、美学、语言学、政治经济学等学科的一些基本知识。所以，各级客运部门应高度重视，有计划、有目标地通过各种途径，努力提高职工素质，以适应提高服务水平的迫切需要。

铁路客运服务人员应具备的服务观，也就是全心全意为他人服务的思想。多年来，一直批评主观为自己、客观也为自己的思想。也曾经开展过主观为自己、客观为他人的大讨论，并认为这种思想是不可取的。大力提倡的是主观为他人、客观也为他人的思想，但这种思想需要人具备很高的思想境界，而目前具备这样思想境界的人是少数。对所有铁路客运服务人员都用社会倡导的思想进行教育和管理，常使个别铁路客运服务人员产生抵触情绪，不能达到预期的目标。要审时度势，帮助铁路客运服务人员树立正确的服务观，并做好实际的客运服务工作。当前乃至在今后一定时期内，要在坚持思想政治的社会主义大方向下，提倡培养主观为他人，客观也为他人的服务观。高速铁路客运服务人员对掌握的心理现象做出正确的判断，就能更好地满足旅客群体的心理要求。

六、对旅客群体的心理服务

（一）用亲切、和蔼、礼貌的态度为松散大群体服务

由于大群体的一致行为往往是在旅客与旅客之间或旅客与高速铁路客运服务人员之间发生冲突时产生的，因此，亲切、和蔼、礼貌的态度可以为旅客营造一个轻松、愉快的乘车旅行环境，可以避免一些冲突的发生。高速铁路客运服务人员一定要加强自身的修养，避免与旅客发生冲突。要从旅客共性心理需要和旅客个性心理需要两方面提供相应的服务（图 6-6）。

在解决旅客的问题时，最好的办法是利用旅客群体内部的相互制约关系。比如，某位旅客吸烟时，铁路客运服务人员去制止，在语言的运用上，要注意表达这样的意思，不是我要让你做什么，而是你的行为会影响其他旅客的健康。这样就能将旅客和铁路客运服务人员之间的关系转变为旅客之间的关系，就能起到约束作用，也有利于问题的解决。

图 6-6　乌鲁木齐火车站为松散旅客服务

（二）加强对紧密小群体的管理

由于相同的旅行目的，紧密小群体内的各成员具有相同的言行，他们同行、同住、同食。因此，加强团体售票、团体候车、团体上车的工作，尽量使小群体成员在站内、车内都能在一起；避免与小群体内部人员发生争执，在他们中有人提出不合理的要求时，尽可能和蔼、礼貌地给予解释和说明；在遇到严重问题又必须解决时，在公正而讲道理的基础上，给予严肃处理。在列车上发生问题，如果车上不能解决，则到车站解决；如果在车站内发生问题，尽量把他们与其他旅客分离开，这一方面可以避免对其他旅客产生坏的影响，另一方面可以削弱他们的气势，使问题得以有效处理。

七、群体旅客服务方式的改进

改进服务方式、提高服务水平要求转变铁路客运服务人员的服务观念，不断开拓服务新领域，寻求服务新方式，增添服务新内容，有的放矢，以满足不同旅客群体的不同需要。

（一）变体力型服务为智力型服务

为满足旅客群体在旅行中物质和精神上的需要，铁路客运服务人员不仅要付出大量的劳动，而且要观察、了解旅客个性心理特征，分析、判断每个旅客在各阶段的具体心理需要，并想办法给予满足，做到想旅客之所想，急旅客之所急，帮旅客之所需，使他们高兴而来，满意而去。这是一项创造性的工作，一种高层次的服务，必须运用、开发铁路客运服务人员的智力，使铁路客运服务人员成为智力型的服务人员。

（二）变执行型服务为需要型服务

旅客的心理需要是发展变化的并因人而异，越是高层次的服务，其差异性也越大。单纯执行日常的客运服务作业过程和程序，或进行几项规定的服务就算完成任务，显然是不够的。要实现优质服务，还必须从旅客的需要出发，根据旅客的不同需要，进行针对性的服务，从执行型服务过渡到需要型服务。

（三）变传统型服务为科学型服务

铁路客运服务工作有其规律性，与心理学、社会学、管理学、旅游学、历史学、地理学及组织学等有着密切的关系。铁路客运服务工作应建立在科学的基础上。由传统的服务方式向科学型转变，无疑是提高服务水平的一个重要方面。

（四）变物质型服务为精神型服务

旅客除了购票、托运行李及旅行安全及生理等物质方面的需要外，还有一种精神范畴的高级需要，即社交和文化需要。这些高层次的需要，随着经济发展与人民生活水平的逐步提高，正在不断升级。精神需要的服务，有着广泛的领域和极其丰富的内容，有关服务措施应尽快建立，使客运服务成为一体化的服务。

【案例厅】

灾害性雨雪天气使得杭州火车站开往贵州、云南方向的列车大面积停运。春节前该站停运的列车已达34对，未来两天还有11对列车停运。

大量列车晚点或停运，使得返乡的农民工为主的许多旅客滞留杭州火车站。从云南来浙江义乌打工的一对年轻夫妻手里拿着的是28号的火车票，该日的列车早已宣布停运，但是这对夫妻还在漫无目的地等待。“到了昆明还要坐6小时的车才能回家，两个孩子都在家里等我们，再不回除夕夜就到不了家了！”“很多人都和你一样回不去，赶快改乘其他交通工具，或另做打算吧！”在车站服务人员的劝导下，年轻的夫妻意识到了这一点，渐渐停止了哭泣，并决定和丈夫先回义乌，过完春节后再考虑返乡。接下来，周围的一些人也陆续离开了火车站。

问题6-4：陆续离开火车站的行为体现了旅客的哪种心理？

问题6-5：面对大量旅客滞留的情况，车站服务人员应该怎么做？

工作任务一

制作PPT，阐述旅客群体心理。

工作任务二

制作PPT，运用观察法观察旅客群体行为。

工作任务三

制作PPT，掌握对旅客群体的心理服务的方法。

☞任务评价

掌握旅客群体心理知识：

项目任务	洞察旅客群体心理				
班级		姓名		评价时间	
【考核内容】					
考核项目	考核标准			分值	得分
旅客群体心理	叙述常见的群体心理效应、类型并能举例说明			15	
观察旅客的群体行为	观察的内容：旅客的衣着服饰、面部表情、行为动作、携带的行李用具、体型肤色、走路的姿势、旅客的手势、语言特点等			15	

续表

考核项目	考核标准	分值	得分
旅客群体心理服务方法	简述群体行为、心理及服务方法	10	
	能够运用基本知识对案例进行分析	10	
制作内容	制作能清晰展示 PPT 的演讲稿	15	
	要求类型分析准确，文字流畅	15	
	做到内容熟练、图文并茂	20	
指导教师意见：			
说明：1. 建议采用四级评分制（如 90%～100%，80%～90%，60～80%，<60%）。 2. 主要采用小组互评的方式进行评价，教师最后进行参考评分。			

任务三　客运服务团队建设

☞**任务导入**

客运服务团队作为一种正式的群体，群体内部既会产生社会助长效应，也会产生社会阻抑效应，当然也不可避免地会有责任分散、匿名、感染等效应。要提高客运服务质量，就要抑制其负面心理效应，使客运服务人员团结一心，组成团队，互相协调配合，形成默契，从而更好地为旅客服务。

☞**知识准备**

一、团队的概述

（一）团队的定义

工作群体有着更为广泛的外延，团队则有着更为丰富的内涵。在工作群体中，群体成员要完成一定的任务，并以自己的任务和行为影响其他成员。而团队不仅如此，还更多地体现出团结、合作、参与、共同目标等精神象征。

团队是指为了实现某一个目标，由相互协作的个体组成的一个正式群体。其是由基层和管理层人员组成的一个共同体，它合理利用每一个成员的知识和技能协同工作，解决问题，达到共同的目标（图 6-7）。

（二）团队的特征

1. 团队以目标为导向

团队对要达到的目标有清楚的理解，并坚信这一目标包含重大的价值和意义。而且，这种目标的重要性还要激励团队的每个成员把个人目标升华到群体目标。成员愿意为团队目标做出承诺，清楚希望他们做什么，以及他们怎样共同工作并实现目标。

图 6-7　团队：团结就是力量

2. 团队以协作为基础

一个有效的团队通常要进行开放、坦诚而及时的沟通。团队成员愿意交流信息、想法和感情。他们愿意相互寻求协作和帮助，并能真诚地与他人合作帮助他人。他们之间不仅能完成自己的职责任务，也希望其他团队成员成功地完成任务，并在他人工作有困难的时候能够及时伸出援助之手。每个人心胸坦荡，不仅能够给他人提出建设性的意见，也乐于接受善意的批评。基于这样的协作，使团队在解决问题时富有创造性，并能及时作出正确的决策。

3. 团队需要共同的规范和方法

团队规范一般来说是以任务为核心的，它鼓励那些高效的、全面的工作行为，制裁那些低效率、低质量的工作行为（图 6-8）。鼓励以任务为导向的相互交往，因此，那些帮助其成员解决困难、为解决问题而寻找与其他团队协商的方法和行为受到肯定。团队规范和群体规范一样，都会运用群体压力去规定成员的行为，但在内容上，团队规范特别倾向于以需要做的工作为核心。比如，每一个列车班组都以平安、顺利完成列车运行任务为核心。

图 6-8　团队的特征

4. 团队成员在技能与角色上形成互补

团队像一个足球队一样，有守门员、后卫、中场、前锋还有教练。教练就是领导、指挥者，每个球员必须遵从教练的指挥；前锋包括中锋、边锋，任务就是进球；后卫就是后防卫士，阻止前锋的攻击和突破；中场是前锋和后卫的衔接者，组织进攻，防守时又能退回；守门员的职责就是保卫球门不失。每个团队成员都有自己的角色和技能，充当什么样的角色便有什么职责和任务。每个团队成员对自己和他人的角色和指责要有深刻、清晰的理解，乐于承担责任、完成任务，并认可他人，重视彼此的技能和知识，在工作中做到有效结合。

（三）团队的类型

根据团队的工作性质和内容，我们把团队分为以下四种。

1. 生产/服务团队

其包括生产线上、装配线上的工作小组、维修小组，列车上的班组人员等。其通常由专职一线员工组成，他们的工作就是按部就班，以保证生产和服务的稳定性。

2. 行动/磋商团队

其包括医疗小组、抢险小组、运动团队等。其由较高功能的个体组成，所执行的任务十分复杂，甚至是不可预测的。成员共同参与专门活动，每个人都需要为整个团队做贡献。

3. 计划/发展团队

其包括科研攻关小组、专项产品开发小组或者其他专门任务团队。这些团队为了完成任务组建起来，一旦任务完成，团队的使命也就结束了，团队成员就会转而从事各自不同的工作。这些团队一般都由技术十分娴熟的专业人员组成，与其他部门相比，这类团队往往有相当大的自主权。

4. 建议/参与团队

其是为组织提供建议和决策的团队，如董事会、委员会、理事会以及各类专家顾问团队、质量控制小组等。他们不仅局限于企业的高层，其作用是提出构想、建议，通过一些提案和决议等。

（四）团队的构成要素

团队有五个重要的构成要素（图 6-9）。

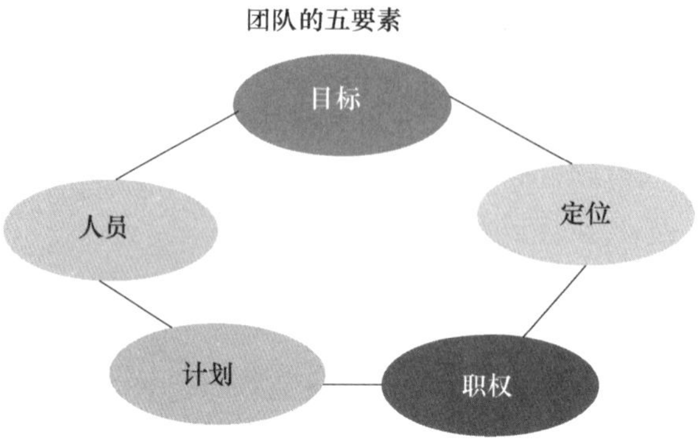

图 6-9　团队五要素

1. 目标（Purpose）

团队应该有一个既定的目标，为团队成员导航，知道要向何处去，若没有目标这个团队就没有存在的价值。团队的目标必须跟组织的目标一致，此外还可以把大目标分成小目标，具体分到各个团队成员身上，大家合力实现这个共同的目标。同时，目标还应该有效地向大众传播，让团队内外的成员都知道这些目标，有时甚至可以把目标贴在团队成员的办公桌上、会议室里，以此激励所有的人为这个目标去工作。

2. 人（People）

人是构成团队最核心的力量，2 个（包含 2 个）以上的人就可以构成团队。目标是通过人员具体实现的，所以人员的选择是团队中非常重要的一个部分。在一个团队中可能需要有人出主意，有人制订计划，有人实施，有人协调不同的人一起去工作，还有人去监督团队工作的进展，评价团队最终的贡献。不同的人通过分工来共同完成团队的目标，在人员选择方面要考虑人员的能力如何，技能是否互补，人员的经验如何。

3. 定位（Place）

定位包含两层意思：团队的定位——团队在企业中处于什么位置，由谁选择和决定团队的成员，团队最终应对谁负责，团队采取什么方式激励下属？个体的定位——作为成员在团队中扮演什么角色？是制订计划还是具体实施或评估？

4. 权限（Power）

团队当中领导人的权力大小跟团队的发展阶段相关。一般来说，团队越成熟，领导者所拥有的权力相应越小，在团队发展的初期阶段领导权是相对比较集中的。团队权限关系两个方面：①整个团队在组织中拥有什么样的决定权。比方说财务决定权、人事决定权、信息决定权。②组织的基本特征。比方说组织的规模多大，团队的数量是否足够多，组织对于团队的授权有多大，它的业务是什么类型。

5. 计划（Plan）

计划的两个层面的含义：一是目标最终的实现，需要一系列具体的行动方案，可以把计划理解成目标的具体工作的程序。二是提前按计划进行可以保证团队的顺利进度。只有在计划的操作下团队才会一步一步贴近目标，从而最终实现目标。

二、客运服务团队的组建

客运实践中，每一个车站，每一趟列车，每一处服务都需要一个优秀的服务团队齐心协力完成旅客运输任务。

（一）组建客运服务团队的条件

要想组建一支高效优秀的服务团队，需要具备以下条件。

1. 明确的目标

团队成员要清楚团队目标，这是大家共同努力的方向，从而每个人能为了团队目标贡献自己的力量。

2. 相关技能

团队成员具备实现目标所需的基本技能和个性品质，并能真诚合作。

3. 相互信任

每个人对团队内其他人的品行和能力都确信不疑。

4. 共同的诺言

团队成员对完成任务要有奉献精神，因此才会付出自己百分之百的努力。

5. 良好的沟通

团队成员之间拥有畅通的信息交流，能领会对方的意思，配合默契。

6. 谈判的技能

团队内部成员间角色可以发生变化，团队成员要具有优秀的谈判技能，能够协调团队中的问题和关系。

7. 公认的领导

高效团队的领导往往担任的是教练或后盾的角色，他们对团队提供指导和支持，而不是试图去控制下属。

8. 内部与外部的支持

团队既包括内部合理的基础结构，也包括外部必要的资源条件。

（二）客运服务团队建设的心理机制

1. 共生效应

共生效应是一种社会心理效应，指个体与个体或个体与群体间相互依存、相互激励的社会心理现象。建立团队，最重要的是在认知上形成这样一种强烈的、积极的归属感和“我们感”，团队成员互相认同，把自己的团队看成是“我们”，而不仅仅是一群人的集合体（图 6-10）。

图 6-10　没有完美的个人只有完美的团队

2. 情绪认同

情绪认同是客观存在的社会心理现象，它证明群体与群体任何成员具有共同的感受能力。真正的团队的特点是在成功或失败时有共同的感受，在情绪上有温暖和同情，为每一个人的成功而自豪和高兴，相信自己的团队是名副其实的工作集体。有效的情绪认同，取决于个人把自己与其他成员视为同一到什么程度，个人对待群体中的任何成员的态度积极到什么程度。团队情绪认同是团队人际关系水平发展的标志，有效的情绪认同可以改变团队成员的行为。

3. 心理相容

心理相容是指团队成员之间心理上的相互理解、容纳协调，产生相同感受的基础。

心理相容对于团队而言极为重要，它在很大程度上决定着群体风气、领导风格、目标的实现、工作效率的高低和团队成员的心理健康、情绪反应、能力发挥和人格的健全。

4. 社会表现

海伊斯认为，社会表现就是团队成员确立起的一些共同信仰或观念，它可以成为人们采取行动或不采取行动的有利因素。团队的社会表现反映了团队的背景、权力结构，它通过符号、语言、形象和行动表现出这些背景和关系，反映了人在这种背景下如何工作、如何生活。在客运服务团队中的社会表现就是做好旅客的服务工作，令旅客满意。

5. 参与心理

团队成员参与管理能够使服务人员展现自我的技能和素质。在工作积极性、责任感、服务质量等方面，参与心理都有它独特的影响。

（三）组建客运服务团队的途径

客运服务团队组建有四种途径：人际关系途径、角色界定途径、价值观途径和任务导向途径，每种途径都各有其特征，也都在不同的时间和条件下表现其有效性。选择和利用哪一种途径依赖于三个因素：团队所处的环境、团队成员的特点和团队所要完成的任务。

1. 人际关系途径

出发点：如果团队成员能够充分地互相理解，他们就会有效地共同工作，因此通过发展密切的人际关系达到团队目的。

原则：①公开、坦诚地讨论团队内部的关系和冲突，形成相互信赖的气氛；②了解团队成员的经历，更好地理解每个人的个性；③对团队成员进行肯定性评价；④学会倾听和有效交流的方法。

具体方法：敏感性训练和人际关系相互作用的 PAC 分析师经常使用的团队建设方法。这种理论分析认为：个体的个性是由三种比重不同的心理状态构成，这就是“父母”“成人”“儿童”状态。取这三个词汇的第一个英文字母，Parent（父母）、Adult（成人）、Child（儿童），简称人格结构的 PAC 分析。“PAC”理论把个人的“自我”划分为“父母”“成人”“儿童”三种状态，这三种状态在每个人身上都交互存在，也就是说这三者是构成人类多重天性的三部分。它以小组的形式进行训练，目的是使小组成员在感情上更加彼此接近和减少交往中的障碍。这种技术应用于团队建设，目的是培养一个人在团队中工作的人际交往技能。典型的情况是，团队所有成员在周末的时候一起出去，住在某个地方，并有目的地参加为了增强对人际关系敏感性的训练，如聆听他人，训练警觉性、注意力及信任能力等。每一种训练都会帮助团队成员彼此了解，帮助他们更清楚地认识人们在不同环境下，如何做出反应。这样的训练使团队成员有了共同的经历，有助于创造“我们感”。

2. 角色界定途径

出发点：根据角色期待理论，通过明确界定团队成员角色和整体的规范而建立团队的基本框架。

原则：使每个成员都清楚地了解自己在团队中的位置、责任和角色。与人际关系途径不同，这里所重视的是团队成员所要做的事情以及对在工作中与其他人配合的需要：①每个团队成员既承担一种功能，又担任一种团队角色；②根据执行的任务，一支团队需要在功能及角色方面找到一种令人满意的平衡；③团队的效能取决于成员的个性和智力，确定他们的角色；④根据团队成员的个性和智力，确定他们的角色；⑤适当而平衡的团队角色，充分发挥每个成员在技术资源方面的优势为前提。

具体方法：角色协商法是主要方法之一。要求每个成员坦率地对自己的工作条件进行评估，并列出他们对其他成员的要求；列出其他人应做得更多、更好的事情；他们应该做得更少或停止去做的事情；他们应该继续做下去的事情。然后，这些成员讨论列出的事情，并且相互之间达成协议，那么另一个人就可以自由地退出协议。

3. 价值观途径

出发点：只有拥有共同目标，才能把人们聚集到一起，才能使他们感到可以合作形成“我们感”(图 6-11)。

图 6-11　团队建设

重点：这一途径重点要放在团队成员的价值观和目标达成共识上，而不是组建团队的人们的性格或他们所担任的角色上。

团队共识的五个方面：①明确目标，必须明确确立团队目标、价值观以及指导方针，这些有时候可能需要多次讨论；②鼓动性的价值观：这些观点必须是团队成员相信并且愿意努力工作去实现的；③力所能及：团队共识必须是团队确实能够实现的。不现实的或无法达到的目标是没有用的，因为这只会使人们更想放弃；④达成共识：所有团队成员的支持都是至关重要的；⑤未来潜力：团队共识必须具有在未来进一步发展的能力，需要经常重新审视团队共识，以确保他仍能够适应新的情况和新的环境。

4. 任务导向途径

出发点：通过团队的任务以及每个人对这项任务的完成能够作出的贡献而建设团队。

前提：应用这一途径的前提是团队成员都把团队所执行的任务看成是唯一重要的事情，重点强调的是成员所拥有的技能和这些技能怎样应用于团队任务，而不是个人感情。

具体方法：

方法一：确定目标法。这种方法要求团队在工作中要确立一定的目标。确立目标以后，团队把目标分为长期目标和短期目标。团队成员共同工作，建立明确的时间表，说明每一个目标应该在什么时候完成；同时，这些目标与系统的反馈形式和对团队的评估相结合。这种方法的可取之处在于：①通过不断提供一个个可以实现的目标，使团队成员集中精力于主要任务；②一个个短期目标的实现，增强了团队成员对团队的信心；③在团队建设中确立起来的定期评估和反馈制度，增强了成员的力量，肯定了他们的成就，从而培养了成员对团队的认同感和自豪感。

方法二：问题解决法。团队成员参加一些模拟他们工作经验的训练，目的是帮助团队成员认识并明确显示出所能遇到的困难。当人们每一次在处理问题时，团队全力以赴，找到解决方案，并实施这个方案。每次成功地迎接了挑战，成功地解决了困难，都会增强团队的能力。更重要的是，会增强团队对自己能力的认识。按照这种模型，一个能力很强的团队由于承担了具有挑战性的任务，学会了更出色的行动。在完成任务的过程中，解决了问题，克服了障碍，获得了新的技术和能力。通过这样的经历，团队形成了自己的历史，形成了高度的共识和共同理解。

以上四种途径都应运用于实践中的团队建设，它们侧重于团队建设的不同方面，与不同团队类型的团队关系也不同。无论使用哪一种团队建设途径，有一条原则是普遍适用的，那就是建立社会认同的心理机制，即在团队成员之间创造统一感和归属感。

【实际演练】

团队活动名称：携手同心。

活动目标：

1. 积累团队工作经验，建立团队的良好默契与和谐气氛。

2. 发现自己的优点，促进个人自尊自重，与他人合作。

3. 增进团队成员的默契程度，增进团队凝聚力。

设计重点：

1. 在温暖和谐的氛围中建立自信，学会与他人合作。

2. 使成员能信任团队。

实施方式：漫画接力、讨论、自我介绍。

准备事项：

1. A4 白纸十张，彩色笔六盒。

2. 每人一张“携手同心”活动单。

3. 团队活动主持者收集各种广告资料。

活动过程：

1. 引起动机

活动主持人说：“世界上有很多事情，往往不是一个人可以完成的。比如，我们每天吃的白米饭，是农民辛苦插秧、收割，科学家研究杀虫剂、收割机，商人贩卖，我们自己煮饭，然后才得来的，因此大家要相互合作，携手同心，共同克服困难。下面我们分为 6 组，请大家报数 1，2，3，4，5，6；报 1 的为一组，报 2 的为一组，以此类推。”

2. 漫画接力

(1) 每组一张 A4 纸，一盒彩笔。

(2) 每个小组自己选一个漫画主题，如未来世界、动物园、公司点滴或家庭生活。每人只画漫画中的一部分，大家共同完成该幅漫画。

(3) 讨论漫画接力经验：先请大家将自己的经验写在“携手同心”的活动单上，然后在讨论看到其他组员画漫画时的感觉；轮到自己画漫画时的感受与经验；看到其他组员接着你的漫画画下去的感觉；对漫画接力的感想。

3.“爱的鼓励”与摘要

主持人引导团队成员进行一次“爱的鼓励”，对参与“漫画接力”的投入与用心给予鼓励，并让他们将自己的想法写成摘要。

4. 自我介绍

(1) 主持人请每组各派一名代表，用两分钟的时间说明下列两个问题：看过哪些形式、哪种类型的自我介绍？什么是好的自我介绍？

(2) 让每个成员为自己写一则自我介绍，把自己的经验、特长、优点、才干、技能等写在里面。先请团队成员将自我介绍写在“携手同心”的活动单上，再利用任意一种方法来口头介绍自己。

(3) 写好自我介绍后，请每组成员在组内先说明和展示他的自我介绍，再说明如此自我介绍的原因。

(4) 讨论自我介绍的经验：先请大家将经验写在“携手同心”的活动单上，然后讨论从其他组员的自我介绍中，你发现其他人有哪些优点和技能；你发现如何改善自己自我介绍的内容或形式，效果会更好；对整个“自我介绍”的感想。

结束语：

从漫画接力中，可以发现大家团结合作、携手同心的重要性。通过自我介绍，请大家想想自己的优点和技能如何展示。在当今社会，适度的自我推销是有必要的，但是必须以具体事实为基础进行自我推销，而非吹牛。

注意事项：

尽量给各组成员鼓励、强化，鼓励各组成员踊跃发言，激发他们的创造力。

此次活动如果要分为两节实施，第一节可以进行到“爱的鼓励与摘要”，并稍微讲解自我介绍的实施方式与准备事项；第二节进行“自我介绍”。

附： “携手同心”活动单

姓名：　　　　组别：

一、漫画接力

1. 看到其他成员画漫画时的感觉：

2. 轮到自己画漫画时的感受与经验：

3. 看到其他成员接着你的漫画画下去的感觉：

4. 对漫画接力的感想：

二、自我介绍

1. 我的自我介绍（经验、特长、技能、优点、才干等）：

2. 从其他人的自我介绍中，你发现其他人有哪些优点和技能：

3. 你发现如何改善自己自我介绍的内容或形式，效果会更好：

4. 对整个“自我介绍”的感想：

三、客运服务团队的管理方法

随着社会的发展，很少有工作是可以单独完成的，都需要团队合作才能更好地完成。有效管理好团队，可以激发职工的潜能。服务团队要保持高效的工作效率，需要从以下几方面进行管理（图 6-12）。

图 6-12　团队管理协同工作

（一）团队领导以身作则

领导是整个团队中起主导作用的人，能帮助自己的团队澄清目标和价值观，培养每个成员的信心，并促进团队成员各种技能的组合，使团队成员之间关系融洽。他们不只是会说，而是以身作则，给职工树立榜样，从而激励大家为团队和个人的发展努力奋斗。

（二）满足职工的需要

客运服务团队要做好对人的管理，使人充分发挥积极性和能动性，就必须了解职工的心理特征，了解职工愿意干什么，能干什么，不愿意干什么；需要什么，不需要什么。职工的需要是多样化的，有些是合理的，有些是不合理的，有些是近期的，有些是远期的，只有对职工的个性、能力有了具体的了解，才能做到因人而异，去正确地满足职工的需要，如工资、舒适安全的工作环境、医疗、教育、食堂等。

（三）激发职工的热情

1. 充分信任

团队领导充分信任职工，让其放手工作，才能使职工产生强烈的责任感和自信心。

人在受到充分信任的时候，会产生快乐和满足感，进而全身心地投入工作。

2. 真心赞美

优秀的职工是赞美出来的，每个人都希望工作富有成果，自身价值获得认可。赞美的时候要注意以下四点：①要掌握时机，赞美职工有时效性；②赞美一定要出自真心，是不是真心话，谁都能感觉出来；③要注意方式方法，可以是口头表扬，可以是物质表扬，可以单独表扬，也可以当着别的职工或领导的面表扬；④赞美要因人而异，有的要肯定他的工作成果，有的可以肯定他的工作态度。

【实际演练】

赞美技巧

一、发自真诚，避免过度

不要用贬低自己来赞美他人，赞美时要面带微笑，正视对方，交流眼神。

二、赞美要精确

精确的赞美相比于“你今天看起来不错”“这件衣服非常适合你”更有效。越精确越有效，因为它使人们觉得你很重视他们。

三、赞美后提个问题

如果你想以赞美开始一段谈话，提个关于赞美东西的问题，比如：“这件衣服非常适合你，它和你的气质很般配，你在哪里买的呢?”

四、赞美的方法

1. 赞美的具体化

空泛化的赞美虚幻、生硬，使人怀疑动机，而具体化的赞美则显示真诚。比如，一千遍的“你真漂亮”，不如说她像某某明星，你说她眼睛漂亮也比说她人漂亮要有效。

2. 从否定到肯定的评价

比如，我很少佩服别人，你是个例外。

3. 见到、听到别人得意的事情，一定要记得赞美

比如，一个乘客给你看了他小孩的照片或者告诉你和她一起出行的小孩是他的，那么一定要夸小孩。

4. 主动和别人打招呼（打招呼背后的含义是我眼中有你）

比如，你主动对车上的乘客打招呼，乘客会感到高兴，并觉得你关注到他了。

5. 适度指出他人的变化（其背后的含义是你在我心中很重要，我很在乎你的变化）

比如，客运服务团队的某个成员穿了件新衣服，就夸她漂亮。

3. 合理评价

管理者要尽量关注职工的表现，对于职工的努力和成就要公开赞扬和奖励，帮助他们树立信心，体验成功的喜悦，提高他们的工作效率与士气；对职工出现的问题尽量避免当众提出批评。

4. 提供学习的平台

有计划地支持职工参加职业学习与训练，不但可以提高职工的工作水平和能力，而且能够有效降低职工的压力，提高工作的创造能力。

5. 协助职工处理工作中的挫折

客运服务工作人员在长期的工作中难免遇到挫折。管理者一方面应尽量预防职工遇

到挫折，就要消除挫折产生的原因，如尽量引导职工适应环境，遵从社会公德和法律，加强个性差异化的管理，使职工相互信任，互相帮助等；另一方面，在职工遇到挫折的时候，帮助他们去面对挫折，尽量降低挫折引起的不良情绪。

四、客运服务团队问题行为的处理

每个客运服务团队都存在着一些问题行为，对于问题行为管理者解决得好不好在很大程度上都影响着工作效率。

（一）问题行为的表现形式

一般来说，职工的问题行为主要有两种：一种是表现得不明显、不激烈的问题行为，如对工作消极怠慢，无精打采等；另一种是表现得很明显、激烈的问题行为，如公然违章违法、侵犯旅客或同事的利益，违抗领导的命令等。无论是哪种问题行为都会给工作和职工本身带来危害，给管理造成困难。

（二）问题行为产生的原因

心理学认为需要诱发动机，动机促成行为。因此，人的一切行为都以人的需要为基础。客运服务人员有多种多样的需要，如工作的需要、改善物质生活条件的需要、婚恋的需要、社会荣誉的需要、文化娱乐的需要等。当职工通过自己的努力去满足这些需要时，如果不能恰当地处理个人利益与集体利益、国家利益的关系，就可能产生问题行为。比如，一个职工想提高工资，可以通过努力工作，赢取奖金；也可能利用工作之便，通过非正当方式和手段来获得“不义之财”。

管理者首先要研究“需要”，即某些职工所出现的问题行为是为了满足什么需要；其次，研究“方式”，即职工为满足上述需要采取的行为方式哪些是合理的、正当的，哪些是不合理的、不正当的；最后，要进一步研究这些行为方式是如何形成的。只有分析清楚了问题行为产生的原因，才能有效地处理、解决职工的问题行为。

（三）处理问题行为的原则

出现了问题行为，管理者一定要及时处理，如任其放纵，会产生严重的后果。一般来说，管理者处理职工的问题行为应遵循以下几个原则。

1. 坚持预防为主

预防为主就是尽量创造条件，使客运服务人员能通过正当方式来满足自己的需要，想方设法帮助职工解决各种实际问题，全面关心职工的学习、工作、生活、娱乐等，防止职工以不正当方式去追求需要的满足。同时，要特别注意做好受到挫折的职工的思想工作，研究职工思想变化的规律。比如，在职工情绪低落时，职工之间发生矛盾纠纷时，遇到较大的生活困难时，管理者应积极、主动地做职工的工作，给予必要的关心帮助和指导，防止或减少问题行为的发生。

2. 冷静全面分析

职工一旦出现问题行为，管理者一定要认真分析原因，抓住问题的关键，寻找解决问题的途径，并创造良好的客观环境，促使职工的问题行为向积极方面转化。在分析的基础上，讲清道理，帮助职工分清什么是高尚的、正当的需要，什么是庸俗的、不正当的需要，只有追求满足需要的方式与“合理”相统一时，个人才能做到“心安理得”。

3. 坚持正面教育

每个人都有优点，管理者要十分重视职工好的表现，多注意职工身上的积极因素，这样，职工就容易对管理者产生好感，管理者在问题行为的处理中才能够得到职工的支持。如果管理者只看到职工的缺点，就会使职工因怕出错而丧失工作的主动性和创造性，产生“不求有功，但求无过”的心理。总之，强调正面性原则，有利于职工对管理者产生亲近感和认同感，减少职工问题行为的发生。

4. 讲究批评艺术

批评是管理者对犯错误职工的一种警告、帮助和矫正的手段。为了使批评收到预期的效果，管理者应特别注意批评的艺术。运用批评手段时，应注意以下几个问题（图 6-13）。

图 6-13　批评的艺术

（1）及时性。要及时指出职工的错误并进行批评，防止矛盾双方对错误事实记忆上存在分歧而发生争执。

（2）场合性。尽可能通过个别谈话或小范围的生活会进行批评，非十分必要时不在大庭广众下批评一个职工，防止职工为“面子”而产生直接的抵触行为。

（3）针对性。对错误的批评一般应“就事论事”，即批评的内容要具体、集中，特别防止把主要的与次要的、现在的与过去的混合在一起，把犯错误者说得一无是处。

（4）适当性。批评到一定程度，要适可而止，允许对方有思考的时间。适当性还包括要避开犯错误职工正在情绪激烈时进行批评。

5. 正确运用惩罚

强调预防和正面教育为主，并不是取消惩罚措施。为了维护国家、集体利益，为了严肃客运群体的纪律，对严重违反规章制度的个人必须给予惩罚。惩罚对于预防问题行为和矫正问题行为是一种必要的手段。但是，运用惩罚的最终目的是使职工认识到自己行为的严重后果，使其不再发生类似的行为。在对待问题行为时，应事先提醒，尽量慎重使用惩罚手段。惩罚作为一种辅助手段，必须与其他方法相配合，才能达到好的效果。

工作任务一

制作PPT，阐述团队的特征、类型及构成要素。

工作任务二

制作PPT，阐述团队建设的心理机制。

工作任务三

制作PPT，阐述团队建设的途径。

工作任务四

制作PPT，制订客运服务团队的管理方案。

☞任务评价

客运服务人员团队建设：

项目任务	客运服务人员团队建设				
班级		姓名		评价时间	
【考核内容】					
考核项目	考核标准		分值	得分	
团队特征、类型及构成要素	叙述团队的类型、特征和构成要素		15		
团队建设心理机制及途径	叙述团队建设的五种心理机制和四种途径		15		
制订客运服务团队的管理方案	叙述客运服务团队的管理方法		10		
	制订客运服务团队管理方案		10		
制作内容	制作能清晰展示PPT的演讲稿		15		
	要求类型分析准确，文字流畅		15		
	做到内容熟练、图文并茂		20		
指导教师意见：					
说明：1. 建议采用四级评分制（如90%～100%，80%～90%，60～80%，<60%）。 2. 主要采用小组互评的方式进行评价，教师最后进行参考评分。					

☞思考与练习

一、不定项选择题

1. 群体的特征有（　　）。

A. 群体自身相对独立性　　B. 各自的目标

C. 认同感和归属感　　D. 相互影响

2. 旅客群体的特点有（　　）。

A. 利益的依存性　　B. 心理的认知性

C. 行为的一致性　　D. 行为的联系性

3.（　　）指个体与个体或个体与群体间相互依存、相互激励的社会心理现象。

A. 心理相容　　B. 共生效应

C. 情绪认同　　D. 参与心理

4. 问题行为的表现形式有（　　）。

A. 不明显、不激烈　　B. 很明显、很激烈

C. 不明显、很激烈　　D. 很明显、不激烈

5. 群体的心理效应有（　　）。

A. 责任分散效应　　B. 匿名效应

C. 社会阻抑效应　　D. 暗示效应

二、填空题

1.（　　）是客观存在的社会心理现象，它证明群体与群体任何成员具有共同的感受能力。

2. 团队规范一般来说是以（　　）为核心的，它鼓励那些高效的、全面的工作行为，制裁那些低效率、低质量的工作行为。

3. 在解决旅客中的问题时，最好的办法是利用旅客群体内部的（　　）。

4.（　　）指群体成员之间的关系不密切，来往不多，没有太多的共同目标和共同活动，群体内也没有形成约束力很强的行为规范。

三、简答题

1. 简述组建客运服务团队的途径。

2. 简述客运服务团队问题行为的处理方法。

3. 简述掌握旅客群体心理的方法。

四、案例分析题

阅读下列案例，回答问题。

2016年12月23日，河北定州东站有30多名旅客被滞留在站台，其原因是：车轮摩擦铁轨声中，“子弹头”列车缓缓减速、停车，仅仅数分钟后，摩擦声再次响起，列车重新加速，消失在黑夜中。23日晚间，河北定州东站30多名旅客遭遇了这样尴尬的一幕。原本应当晚9：09停靠站台的G506次列车，却突然“跳站”。G506次列车是当日停靠定州东站的最后一班高铁，也就是说，在错过这趟列车后，留在站台上的旅客，面临“无车可乘”的窘境。由于车票已经检过，滞留的旅客也无法再回到候车室，只能在站台上等候。现场值班的车站工作人员发现这一情况后，进行了汇报，面对滞留的旅客，车站一名负责人据此提出，一小时后石家庄有另一趟发往北京的高铁，建议旅客“转车”。多名现场的旅客表示，不愿意采纳这一建议：首先我们能不能赶得上，其次赶上后我们没有票能不能让我们上车。最后，经过车站的协调，有26名旅客在无票的情况下登上了去北京的列车进行“转车”，其他旅客进行了改签。

1. 大部分的旅客进行了“转车”的行为属于哪种群体心理效应？说出你的判断理由。

2. 河北定州东站的客运服务团队是否是个高效的服务团队？从何判断？

答案：

一、1. ACD。2. ABCD。3. B。4. AB。5. ABCD。

二、1. 情绪认同。2. 任务。3. 相互制约关系。4. 松散大群体。

三、略。

四、略。

☞任务实施

实训：旅客群体事件调查

一、活动目的

深入认识铁路旅客群体心理效应与群体事件的影响。

二、活动准备

1. 全班同学分成若干组（5～6 人一组）。

2. 各组成员自行分工，调查收集自己组负责的铁路运输公司近 5 年来发生的旅客群体事件。

三、活动过程

1. 数据公布

各组选一名代表，简单叙述本组铁路运输公司发生群体事件的总数，对事件进行基本介绍。每个事件只能用一句话来描述，如：2018 年 8 月 12 日 G40 次列车受大风影响，该列车中途滞留近 5 个小时，车内空调、厕所被迫停止使用，导致部分旅客出现身体不适。

2. 事件归类

各组另派一名代表，将本组所述旅客群体事件按照发生的原因进行归类。例如，上述 30 起旅客群体事件中有 16 起是由于天气原因，有 10 起是因为客运服务人员态度，等等。

3. 事件分析

各组派第三名代表，选取其中一个典型事件进行分析，包括事件的演变，旅客的情绪和行为，处理的结果以及留给客运服务人员的反思等。

4. 讨论反思

活动中同学们列举的旅客群体事件有什么共同点？如何运用群体心理理论对事态发展进行分析？本组铁路运输公司对该类事件的处理是否得当？你能为本组铁路运输公司处理该类事件提出什么建议？

四、活动总结

上述活动完成后，谈一谈如何运用群体心理学知识开展客运服务工作，完成调查报告。调查报告应包括以下内容：

（1）题目、调查人员、调查时间等基本情况。

（2）调查目的、调查方式等实际情况的介绍。

（3）调查资料的整理（可参考以下表格）。

事件	时间	车次车站	事件概况	旅客群体心理或群体行为表现	客运服务人员采取的措施
1					
2					
3					
…					

（4）调查结果分析，如事件中反映了哪些旅客群体心理现象，客运服务人员的服务措施是否利用了群体心理相关知识，等等。

（5）总结，如通过此次调查，你对群体心理有了哪些新的认识。

☞项目学习评价

学习完本项目后，请根据自己学习所得，结合下表内容进行评价。分 A、B、C 三个等级进行评价。A：充分；B：一般；C：不足。

评价内容	评价方式			评价等级
	自评	小组评议	教师评议	
课前预习本项目相关知识、相关资料				
掌握群体心理的基础知识				
增强群体类型的分辨能力				
掌握针对旅客群体的心理服务				
团队的基础知识				
掌握团队建设的方法				
掌握客运服务团队的组建				
掌握客运服务团队的管理				
参与教学中的讨论与练习，并积极完成				
善于与同学合作				
学习态度及完成作业情况				
总评				

参考文献

[1] 罗志懿，王博. 轨道交通运输心理学［M］. 上海：上海交通大学出版社，2017.

[2] 万金辉，吴垠锋，任娜. 高速铁路旅客运输心理学［M］. 北京：北京交通大学出版社，2018.

[3] 苏颖，龙叶明，钱传贤. 轨道交通运输心理学［M］. 成都：西南交通大学出版社，2012.

[4] 张晓艳，闫广柱. 旅客运输心理学［M］. 北京：航空工业出版社，2019.

[5] 理查德·格里格，（美）菲利普·津巴多. 心理学与生活［M］. 北京：人民邮电出版社，2003.

[6]（美）菲利普·津巴多. 普通心理学［M］. 北京：中国人民大学出版社，2016.

[7]（美）戴维·迈尔斯. 社会心理学［M］. 北京：人民邮电出版社，2016.

[8] 邱优辉，郝芳，刘慧. 民航服务心理学［M］. 北京：航空工业出版社，2016.

[9] 李培锁，金沙江，邓岚. 铁路旅客运输心理学［M］. 北京：中国铁道出版社，2017.

[10] 王慧品. 轨道交通客运服务心理与实务［M］. 长沙：中南大学出版社，2015.

[11] 朱晓宁. 旅客运输心理学［M］. 北京：中国铁道出版社，2013.

[12] 杨亚芹，王慧元. 旅游心理学实务［M］. 镇江：江苏大学出版社，2017.